나를 위한
최고의 선물
크루즈여행

나를 위한 최고의 선물
크루즈여행

초판 1쇄 인쇄 2022년 4월 07일
초판 1쇄 발행 2022년 4월 11일

지은이 이승도 외 21인
발행인 정선모
디자인 가보경

펴낸곳 도서출판SUN
출판등록 제25100-2016-000022호
등록일자 2016년 3월 15일
주소 서울시 노원구 덕릉로 94길 21. 205-102
mobile 010. 5213. 0476
e-mail 44jsm@hanmail.net

@이승도 외 21인. 2022.

ISBN 979-11-88270-43-9 (03980)
값 20,000원

Printed in KOREA
이 책의 저작권은 저자에게 있습니다.
저자의 허락없이 내용의 일부를 인용하거나 발췌하는 것을 금합니다.

이 도서의 국립중앙도서관 출판예정도서목록(CIP)은 서지정보유통지원시스템 홈페이지(http://seoji.nl.go.kr)와 국가자료종합목록 구축시스템(http://kolis-net.nl.go.kr)에서 이용하실 수 있습니다.

나를 위한
최고의 선물
크루즈여행

이승도 외 21인

책을 내며

나만의 특별한 크루즈여행을 꿈꾸며

"나는 백 살까지 크루즈로 세계여행할 거다."

모두들 내가 농담으로 하는 말인 줄 알고 있다. 퇴직 후 3년간 다양한 방법으로 세계여행을 하였다. 지인들과 함께 장거리 여행을 다니기도 하고 혼자서 간단히 배낭 하나 메고 오지여행을 떠나기도 했다. 기차여행, 크루즈여행, 요트여행을 하기도 했고, 국내에 있을 땐 캠핑카로 전국 곳곳을 여행하였으며, 지금도 틈날 때마다 여행하고 있다.

수많은 여행을 하면서 느낀 것은 나이들어서도 편안하게 세계여행할 수 있는 방법이 바로 크루즈여행이었다. 숙박, 식사, 산책, 수영 등 모든 것을 한 장소에서 할 수 있고, 다양한 오락거리와 날마다 펼쳐지는 공연이 있어 지루할 틈이 없다. 조용히 책을 볼 수 있는 도서관도 있고, 요가와 명상을 할 수 있는 시설도 따로 마련되어 있어 원하는 대로 즐길 수 있다. 승객들이 자는 동안 밤새 운항하여 유명한 관광지에 데려다 주니 이보다 편한 여행 방법이 또 있을까 싶다.

크루즈여행은 내게 마지막 여행 방법이 될 것으로 생각하였기에 관심을 갖게 되었다. 많은 사람이 크루즈여행을 은퇴한 뒤에 한 번 정도 경험하는 여행, 나이들어 움직이기 힘든 시기에 떠나는 여행으로 생각한다. 그러나

크루즈선 내에는 다양한 체험 시설이 있어 체력이 왕성할 때 떠나야 마음껏 즐길 수 있다.

나는 초등학생 아들과 함께 일찌감치 크루즈여행을 다녀왔다. 친구와 함께 그리스 요트여행을 떠나기도 하고, 지인들과 함께 많은 사람이 가고 싶어하는 지중해 크루즈를 경험하고, 아내와 함께 알래스카 크루즈로 빙하와 캐나다의 아름다운 자연을 볼 수 있었다.

다양한 연령의 동반자와 함께 크루즈를 경험했지만, 모든 여행이 나름대로 재미와 매력이 있었다. 언제나 풍성한 음식과 다양한 즐길거리가 준비되어 있었다. 언제 어디서나 음악이 흘러나왔고, 밤마다 다양한 공연이 펼쳐져서 취향대로 즐길 수 잇었다. 조용히 혼자 보내고 싶으면 수영장의 선베드에 누워 책을 보거나 낮잠을 잘 수도 있다. 밤새 항해하여 관광지에 데려다 주니 배에서 내려 기항지에서 관광할 수도 있다. 하지만 굳이 내리지 않아도 된다. 북적이던 승객들이 내려 텅빈 배는 나만의 공간이 되어 한적한 선내를 돌아보며 여유 있는 시간을 보낼 수도 있다.

크루즈는 비용이 많이 든다고 생각하여 부자들이나 이용하는 여행으로 생각한다. 그러나 아주 비싼 크루즈여행이 있는가 하면, 저렴한 비용으로 즐길 수 있는 크루즈도 얼마든지 있다. 미리미리 준비하면 할인을 많이 받을 수 있는 방법도 있다.

　크루즈여행에 처음 입문할 때는 국내 기업에서 운영하는 크루즈를 이용하면 한국인 가이드와 한국어가 가능한 직원 그리고 한글 안내서가 제공되어 편안하게 여행을 다닐 수 있다. 경험이 쌓이면 아는 사람이 아무도 없는 크루즈를 타고 떠나 보는 것은 어떨까? 그러면 들어보지도 못한 멋진 곳과 새로운 세상이 기다리고 있을 것이다. 아름답고 환상적인 섬을 돌아다니며 즐기기도 하고, 넓디 넓은 태평양과 베링해를 항해하기도 하고, 빙하로 뒤덮인 남극섬을 여행할 수도 있을 것이다.

　우리의 생활 수준이 높아지면서 여행에 대한 관심도 높아지고, 여행 방법도 다양하게 변하고 있다. 가까운 일본을 비롯한 선진국들에 비해 우리나라는 크루즈여행객들이 매우 적기 때문에 앞으로 이 분야의 성장 속도가 매우 빠를 것으로 생각한다. 우리나라에는 크루즈 시설과 운영 인력이 매우 부족하기에 정부나 산업계에서 많은 투자를 할 것으로 생각한다.

　나는 21명의 필자들과 함께 그동안의 경험을 통해 우리가 피상적으로 갖고 있는 크루즈여행에 대한 선입견을 바꾸고 싶어 이 책을 펴내기로 했다. 이 책에 참여한 필자들은 신혼여행, 가족여행, 지인들과 특별한 여행을 다녀왔다. 크루즈여행은 그들에게 어떤 의미였으며, 어떤 특별한 추억을 남겼는지 찾아보는 재미도 쏠쏠할 것이다. 필자들의 다양한 경험을 참고하여 사

랑과 행복이 넘치는 자신만의 특별한 여행을 계획해 보면 어떨까?

나는 지중해 크루즈로 유럽의 역사와 문화를 직접 보고 느낄 수 있었고, 북유럽과 알래스카 크루즈를 통해 장엄한 대자연에 감동하기도 했고, 남미 크루즈를 통해 낭만이 넘치는 그들의 문화와 순수한 원주민들을 만날 수 있었다. 일본과 동남아의 여러 곳을 다니면서 색다른 문화와 자연을 만날 수 있었다. 이를 통해 세상을 보는 눈이 더욱 넓어졌고, 인생을 대하는 태도도 훨씬 여유로워졌다.

이번 책에는 크루즈를 100% 즐길 수 있는 방법과 정보가 담겨 있다. 크루즈여행은 특이한 결제 방법과 통신 방식을 이용해야 하고, 다양한 나라와 도시를 방문하기에 일반 여행에 비해 다소 복잡하기도 하다. 사전에 정보를 충분히 알고 떠난다면 여행객을 위해 최적화된 크루즈의 다양한 시설을 활용하며 마음껏 여행을 즐길 수 있을 것이다. 또한, 스마트폰으로 크루즈여행을 즐기는 방법도 소개하고 있다. 보다 많은 분들이 크루즈여행의 묘미를 알게 되기를 바라는 마음으로 흔쾌히 여행기를 써 주신 필자들과 자료 사진을 제공해 준 노르웨지안크루즈 선사, 로얄캐리비안크루즈 선사에 깊은 감사를 드린다.

2022년 4월에
필자 대표 이승도

추천사

크루즈여행 100배 즐기기 필독서

가재산(미얀마 빛과나눔장학협회 회장)

　세상 일은 아는 만큼만 보이게 마련이다. 나도 크루즈여행기를 쓰라는 요청을 받았지만, 사양했다. 크루즈여행이라고는 베트남 하롱베이 크루즈 1박 2일을 한 것이 전부였기 때문이었다. 게다가 첫 단추를 잘못 끼웠다고나 할까? 아무 준비 없이 얼떨결에 간 것이 문제였다. 크루즈여행은 멤버가 가장 중요하다는데 전도사인 누님과 아내와 동행했다. 술도 혼술이요, 다른 즐길거리라도 해보려 했지만, 언어 문제에다 같이 즐길 동행자도 없었다. 밤낮으로 비슷한 섬들이 끝없이 펼쳐지는 바다를 이틀간 쳐다보며 지루하게 보냈던 기억이 전부였다.

　그런데 이 책을 보고 크루즈에 대한 인식을 완전히 바꾸는 계기가 되었다. 이 책에는 남미, 지중해, 알래스카, 하와이, 동유럽 같은 황금 노선을 다녀온 생동감 넘치는 여행기를 22명의 필자들 눈을 통해 파노라마처럼 생생하게 소개하고 있다. 157개국을 다녀온 세계여행가를 비롯하여 신혼여행으로 다녀온 여행기도 있다. 작가들은 또 다른 시선과 감칠맛 나는 글 솜씨도

자랑한다. 퇴임 후 제2의 삶에 옥탄가 높은 에너지를 충전하고자 다녀온 감동적인 글들이 눈에 선뜻 들어온다.

　이 책을 읽고 크게 느낀 점 네 가지를 요약하면 다음과 같다. 우선 크루즈여행이 '여행의 끝판왕'이라는 기존의 생각을 바꿔 준다. 흔히 크루즈여행은 나이가 들고 걷기가 불편할 즈음 가는 여행으로 생각하고, 마지막으로 미루는 게 일반적이다. 이 책을 읽으면 이런 생각을 송두리째 바꾸게 될 것이다.

　이 책은 경험이 없더라도 크루즈여행을 알뜰하게 효율적으로 다닐 수 있는 최고의 안내서다. 크루즈여행은 무조건 비싼 것으로 알고 있지만, 이 책을 통해서 값싸고 효율적인 방법을 경험을 빌어 자세히 안내해 준다. 이 책의 진미는 크루즈여행을 재미있게 즐기는 노하우를 듬뿍 담고 있다는 데 있다. 배 안에 호텔, 영화관, 오락관, 무도관, 체육 시설 등 다양한 시설이 있다. 이러한 시설을 이용하는 방법을 몰라 즐기지 못한다면 너무 아깝다.

마지막으로 이 책에는 크루즈여행에 대한 모든 정보와 꿀팁이 가득하다. 예약부터 사전 준비물, 통신법, 재미있게 놀 수 있는 즐길거리에 이르기까지 초보자라도 최상의 여행을 즐길 수 있게 도와주는 안내서이다. 심지어 스마트폰 하나로 통역이나 가이드 없이 여행할 수 있는 방법도 알려 준다.
　"여행을 많이 하면 만 권의 책을 읽은 것과 같습니다. 그러니 여행을 많이 하세요!"
　지난여름 청송에 있는 객주문학관에서 만난 김주영 작가의 권유다. 그는 글이 잘 써지지 않으면 여행을 떠났다고 했다. 크루즈여행은 걷고 차를 타는 여행과 또 다르다. 기존의 여행에서 접하지 못했던 여러 문화와 자연 풍광을 만나 삶의 여유와 멋진 추억거리를 만들 수 있다.
　"크루즈여행! 생각만으로도 가슴이 두근거린다."

이 책에 참여한 분들이 하나 같이 글 말미에 남겨 놓은, 크루즈여행을 칭송한 이야기다. 크루즈여행은 나이들어서 간다는 생각을 버리고, 가슴이 뛸 때 떠나야 한다. Cruise는 '바다 위를 떠돌아다니는 선박 여행'의 뜻으로 한자로는 '떠돌아 다닌다.'는 의미의 순항巡航이다. 돌이켜 보건대 준비 없이 그저 배를 타고 떠돌아다닌다면 나의 크루즈 경험처럼 지루하고 허무할 뿐이다. 이 책을 통해 보다 멋지고 의미 있는 크루즈여행으로 순항順航하는 행복한 삶이 되기를 기대한다.
　끝으로 이승도 대표는 이 책의 판매 수익금을 어려움에 처해 있는 미얀마 청소년들을 후원하려고 기획했다니 참으로 고마운 일이다. 기부왕다운 아름다운 발상이다. 여기에 동참한 모두 분들에게도 감사와 격려의 박수를 보낸다.

CONTENTS

10 책을 내며 | 이승도 나만의 특별한 크루즈여행을 꿈꾸며
14 추천사 | 가재산 크루즈여행 100배 즐기기 필독서

제1부 꿈의 여행, 크루즈

23 이상혁 최고의 가족 여행, 디즈니 크루즈
33 박진수·한현이 신혼여행으로 캐리비안 크루즈여행이라고?
41 전경일 누가 신의 화살을 잡아당길 것인가? - 베링해 크루즈
51 안정애 짠순이들의 알래스카·로키 여행기
65 이승도 아내에게 최고의 여행 선물, 알래스카 크루즈
77 배영화 나의 멋진 신세계 체험 - 남미 크루즈
89 서대진 크루즈로 떠난 쿠바 여행
105 문영숙 한·러·일 크루즈 선상 강연을 하면서
113 박재우 어머니와 아들의 여행, 블라디보스토크
124 김대현 꿈과 희망의 동지중해 크루즈여행
137 이승도 요트천국, 그리스 에게해 요트여행
145 장인수 열흘 간의 북유럽 크루즈 - 만족도 열 배로 올리기
163 박순천 나의 첫 크루즈여행의 시작, 서부 지중해 크루즈
177 강신영·조미영 과거와 현재가 공존하는 나라 이집트로의 시간 여행 - 나일강 크루즈
190 장은아 지상 최고의 낙원, 하와이 크루즈
198 신동은 뉴질랜드 밀포드 사운드 크루즈여행
211 김성일 동남아 크루즈여행
225 이용만 춤추던 크루즈 - 일본 서해안, 대만 & 오키나와
233 이승도 지중해 크루즈 선상에서 아내의 낙상 소식을 듣다
239 노미경 천상의 로얄캐리비안 얼루어호
253 이종연 크루즈여행을 즐기기 위한 팁

제2부 최고의 크루즈여행 팁 - 이승도

- 267 세계 크루즈 산업 현황
- 272 크루즈여행의 결정 과정
- 276 크루즈여행 예약하기
- 284 크루즈여행 준비하기
- 290 여행에 필요한 IT 기기 활용하기
- 292 크루즈 터미널에서 체크인 및 승선하기
- 294 비상 대피 훈련
- 296 크루즈의 모든 정보가 담긴 '선상신문' 활용하기
- 301 결제 방법
- 302 크루즈여행 시 통신 방법
- 304 크루즈선 내에서 식사 즐기기
- 314 크루스선 내의 시설과 즐길거리
- 329 기항지 여행하기
- 334 크루즈 하선하기

- 338 장동익 - 스마트폰으로 크루즈여행 즐기기
- 350 크루즈에서 사용되는 용어

제1부

꿈의 여행, 크루즈

디즈니 크루즈는

바로 그 마법의 세계를 향해 돛을 올린

동화 속 마법선이다.

최고의 가족 여행, 디즈니 크루즈

이상혁
연구공간 자유 대표

코스
텍사스 갤버스턴 - 플로리다 키웨스트 - 바하마 캐스트어웨이 케이 - 바하마 나소 - 텍사스 갤버스턴

    3년간의 미국 생활을 마무리하고 한국으로 귀국하기 전 떠났던 가족 여행 중 하나가 디즈니 크루즈이다. 고백하자면 여행을 준비할 때만 해도 당시 초등학교 1학년이었던 딸아이를 위해 '어른들이 봉사하는' 여행이라고 단단히 착각했다. 그런데 막상 배에 오른 이후 여행이 끝날 때까지 내내 딸아이는 물론이고 40대 중반의 아내와 나까지도 디즈니 크루즈여행의 매력에 흠뻑 빠지고 말았다. 어린아이를 동반한 가족 단위의 여행객들이 대부분일 것이라는 나의 예상과 달리, 친구들끼리나 연인들끼리 혹은 노부부만 여행 온 경우도 상당히 많았다. 특히, 미키 마우스와 미니 마우스 머리띠를 쓰고 어린아이와 같이 환한 미소를 띠며 오래전에 잃어버렸던 동심의 세계를 마음껏 즐기던 70대 후반 미국 노부부의 행복한 눈빛이 아직도 선명하게 기억에 남는다. '디즈니'는 전 세계 어린이들은 물론 일상에 지친 어른들의 마음도 설레게 하는 마법의 세계임이 틀림없다. 디즈니 크루즈는 바로 그 마법의 세계를 향해 돛을 올린 동화 속 마법선이다.

디즈니 크루즈는 미국은 물론 전 세계 여러 곳에서 다양한 노선을 운영한다. 우리 가족은 '디즈니 원더Disney Wonder'호를 타고 텍사스 갤버스턴에서 출발해서 플로리다 키웨스트와 바하마 캐스트어웨이 케이를 경유하고 바하마의 수도인 나소에 도착한 후 다시 텍사스 갤버스턴으로 돌아오는 8일 일정의 여행을 했다. 아르누보 스타일로 디자인된 11개 층의 갑판, 2,400명의 승객을 수용할 수 있는 875개의 객실, 그리고 약 950명의 선원을 갖춘 83,000톤급의 디즈니 원더호는 디즈니 크루즈가 운행하는 대표적인 배 중 하나이다. 일반적인 크루즈와 동일하게 디즈니 원더호의 경우에도 식당, 극장, 영화관, 수영장, 농구장, 스포츠센터, 사우나, 상점, 술집 등 다양한 최고급 편의시설을 모두 갖추고 있다. 모든 시설이 각종 디즈니 애니메이션의 배경과 캐릭터로 꾸며져 있다는 점이 아주 독특하다. 마치 캘리포니아의 디즈니랜드 혹은 플로리다의 디즈니월드처럼, '디즈니 원더'호 자체가 바다 위에 떠 있는 하나의 거대한 디즈니 리조트인 것이다.

흥겨움과 낭만이 넘쳐흐르는 키웨스트와 나소

텍사스 휴스턴으로부터 약 72km 남동쪽에 위치한 갤버스턴에서 디즈니 크루즈여행을 출발할 때만 해도 멕시코만의 12월 바닷바람이 꽤나 차가워서 야외 수영을 할 수 있으리라곤 상상하기 어려웠다. 그런데 디즈니 원더호가 플로리다에 점점 가까워지자 거짓말 같이 한여름의 무더위가 시작되었다. 디즈니 원더호의 첫 번째 정박지는 쿠바로부터 약 145km 북쪽에 위치한 여러 개의 섬들로 이루어진 플로리다의 최남단 도시 키웨스트였다. 아내와 딸아이 그리고 나는 배에서 내려 전통 시장, 기념품 상점, 레스토랑, 카

제1부 꿈의 여행, 크루즈

페 등 키웨스트 다운타운의 구석구석을 하루 종일 돌아다녔다. 쿠바와의 거리가 가까워서인지 혹은 쿠바계 이민자들이 많아서인지, 도시 전체에 쿠바 혹은 중미 특유의 흥겨움과 낭만이 넘쳐 흘렀다. 12월인데도 따뜻한 햇살과 푸르른 하늘, 그리고 초록빛 나무와 시원한 해변을 보고 있자니, 왜 키웨스트가 미국의 베이비부머들이 은퇴 후 가장 살고 싶어 하는 곳 중 하나로 자주 언급되는지 그 이유를 충분히 공감할 수 있었다.

  키웨스트에서 다시 출발한 디즈니 원더호는 미국 국경을 벗어나 동북쪽으로 약 460km를 항해한 후, 두 번째 정박지인 바하마의 캐스트어웨이 케이라는 섬에 도착했다. '조난자, 표류자'라는 의미의 'Castaway'와 '암초, 작은 섬'이라는 의미의 'Cay'라는 명칭에서도 알 수 있듯이, 원래 이 섬은 정말 아무것도 없는 버려진 섬이었다. 죠니 뎁이 잭 스패로우의 역할로 출연했던 '캐리비안의 해적: 블랙 펄의 저주'의 일부가 이곳에서 촬영되기도 했다. 월트디즈니컴퍼니가 바하마 정부로부터 이 섬에 대한 사실상의 통제권을 2096년까지 총 99년 동안 넘겨 받는 토지 임대 계약을 1997년에 체결한 후, 이 섬은 오로지 디즈니 크루즈여행객들만을 위한 휴양지로 개발되었다. 이러한 이유로 캐스트어웨이 케이는 일반적으로 '디즈니 섬' 혹은 '디즈니 전용 섬'이라고 불리기도 한다. 통계상 이 섬의 공식 거주민은 140

명인데, 모두 디즈니 크루즈 직원들이다. 아내와 딸아이 그리고 나는 바다 수영과 모래놀이를 하면서 하루 종일 카리브해의 낭만을 마음껏 즐겼다.

캐스트어웨이 케이에서 다시 출발한 디즈니 원더호는 남쪽으로 약 118km를 항해한 후 세 번째 정박지인 바하마의 수도 나소에 도착했다. 세계적으로 유명한 크루즈 항구인 나소는 이미 도착해 있는 여러 척의 크루즈들과 전 세계 각국에서 몰려온 수많은 여행객들로 넘쳐나고 있었다. 간단한 입국 심사를 통과한 후 '나소 크루즈 항구'를 벗어나자 바로 나소의 다운타운이 나타났다. 약 27만 명의 인구밖에 안되는 나소 다운타운의 구석구석이 마치 몇 배나 더 많은 여행객들로 가득 차 있는 것 같았다. 가까운 스타벅스에 들어갔더니 앉을 자리는 커녕 서 있기조차 힘들 정도로 여행객들이 많았다. 미국 사람들이 가장 좋아하는 해외 휴양지 중 하나가 바하마 나소라는 사실을 실감할 수 있었다. 시원한 아이스커피 한 잔과 간단한 쇼핑을 마친 후 출국 심사를 받고 예정보다 빨리 배로 돌아왔다. 바하마 나소에서 다시 출발한 디즈니 원더호는 국경을 넘어 서북쪽으로 약 1,787km를 항해한 후 처음 출발지였던 텍사스 갤버스턴으로 되돌아왔다.

재미있게 놀아 주는 디즈니 캐릭터들

디즈니 크루즈여행의 가장 큰 장점은 연령별로 그리고 취향별로 선택할 수 있는 높은 수준의 프로그램이 다양하게 준비되어 있다는 것이다. 딸아이의 경우 어린아이들을 위한 미술, 댄스, 음악, 운동 등 다양한 소셜 클럽에 참여해서 또래의 낯선 친구들과 시간 가는 줄 모르고 행복한 시간을 보냈다. 특히 어린이들이 좋아했던 프로그램 중 하나는 하루에 여러 번 정해진 시간에 각종 디즈니 캐릭터들과 사진을 찍고 사인 받는 것이었다. 디즈니 공주 복장을 입고서 한껏 멋을 부린 딸아이는 엘사, 안나, 인어공주, 백설공주, 오로라공주, 라푼젤, 뮬란 등 모든 디즈니 공주 캐릭터들과 일일이 사진을 찍고 별도로 구매한 사인북에 사인도 받았다. 그때 함께 사진을 찍고 대화를 나눈 산타 할아버지 덕택에 딸아이는 지금도 여전히 산타 할아버지의 존재를 굳게 믿고 있다. 세상에서 가장 재미있게 놀아 주는 디즈니 캐릭터로 무장한 베이비시터들 덕택에 나와 아내는 딸아이에 대한 조금의 염려도 없이 둘만의 그리고 각자의 행복한 시간을 보낼 수 있었다.

디즈니 크루즈여행의 또 다른 장점은 디즈니가 제작한 각종 문화콘텐츠를 여행 기간 내내 마음껏 즐길 수 있다는 것이다. 수영하면서 즐길 수 있는 초대형 스크린과 최첨단 음향 시설을 갖춘 야외 영화관 외에도, 다양한 크기의 극장과 영화관에서 디즈니가 제작한 애니메이션과 실사 영화가 하루 종일 상영되었다. '백설공주'와 같이 요즘은 접하기 힘든 오래된 클래식 애니메이션은 물론이고, '프로즌 2'와 같은 최신 애니메이션도 관람할 수 있었다. 특히, 당시 영화관에서는 아직 개봉하지도 않은 '메리 포핀스 리턴즈'를 전 세계에서 가장 먼저 관람하는 뜻깊은 추억도 쌓을 수 있었다. 물론 가족 영화로서 너무 재미있고 따뜻한 내용이기도 했지만, 딸아이의 경우

'세계 최초 관람'이라는 사실 때문에 지금도 '메리 포핀스 리턴즈'에 대한 이야기를 종종 꺼내곤 한다. 이에 더해, 매일 밤마다 대극장 무대에 올려졌던 뮤지컬, 마술, 연극 등의 화려한 공연 또한 온 가족이 행복하게 즐겼고, 그 화려함이 지금까지 나의 기억 속에 생생히 남아 있다.

행복을 선물로 준 크루즈

여행에서 빼놓을 수 없는 재미 중 하나는 역시 먹는 것이다. 일반적인 크루즈와 마찬가지로, 디즈니 크루즈의 경우에도 잠시만 정신을 놓고 본능을 제어하지 못하면 금세 살이 찔 수밖에 없을 정도로 최고 수준의 맛있는 음식이 하루 종일 제공된다. 아침과 점심의 경우 여러 곳의 식당에서 다양한 종류의 뷔페가 제공되었다. 각자가 원하는 식당에 가서 원하는 유형의 뷔페를 즐기면 되는 방식이었다. 저녁 식사의 경우 매번 다른 식당의 정해진 좌석에서 정해진 웨이터의 봉사로 제공되었다. 저녁 식사 때마다 진행된 디즈니만의 독특한 '디너 쇼'를 지금도 잊을 수 없다. 특히, 미키 마우스 테마

로 꾸며진 식당에서 모두가 정장을 차려입고 저녁 식사를 할 때, 모든 여행객들이 각자 한 장씩 그림을 그리고, 그 그림들을 모두 모아서 한 편의 미키마우스 애니메이션을 만드는 이벤트는 아주 감동적이었다. 식사 시간 이외에는 야외 수영장 근처의 식당에서 피자, 햄버거, 핫도그, 아이스크림, 커피, 탄산음료, 술 등 결코 가볍지 않은 간식이 끊임없이 제공되었다.

 꿈과 같았던 8일 간의 여행을 마치고 갤버스턴 항구에 도착하자, 12월 한겨울의 차가운 바닷바람처럼 나의 마음 속에도 서늘한 아쉬움이 몰려왔다. 오스틴 집으로 운전해서 돌아가는 내내 아내와 딸아이 그리고 나는 디즈니 크루즈여행에서 경험했던 일들로 이야기꽃을 피웠다. 그리고 온 가족이 함께 "꼭 한번 더 디즈니 크루즈여행을 하자!"라는 다짐도 했다. 나는 여행을 무척 많이 하지만, 기념품은 거의 사지 않는 편이다. 그런데 이번 여행에서는 행복했던 추억을 오래 간직하고 싶은 마음에 액자, 컵, 펜, 셔츠, 후드티 등 적지 않은 수의 기념품을 구매했다. '디즈니 원더'호를 타고 텍사스 갤버스턴에서 출발해서 플로리다 키웨스트와 바하마 캐스트어웨이 케이를 경유하고 바하마의 수도 나소에 도착한 후 다시 텍사스 갤버스턴으로 돌아왔던 8일 간의 디즈니 크루즈여행은 '행복'이라는 이름으로 추억되는 최고의 가족 여행이었다. 코로나 상황이 좀 더 좋아지면, 다시 한번 더 온 가족이 디즈니 크루즈여행을 떠나고 싶다.

제1부 꿈의 여행, 크루즈

어줍잖은 호캉스를 계획할 바에

크루즈를 타라!

신혼여행으로 캐리비안 크루즈여행이라고?

박진수·한현이
에릭슨엘지에서 만나 결혼한 사내 커플

코스
마이애미 - 바하마 - 나소, 멕시코 - 코즈멜, 온두라스 -
로아탄, 멕시코 - 코스타마야 - 마이애미

주변의 많은 친구들이 이야기했다. 배만 타고 둥둥 떠다니는 크루즈는 나이 들어 움직이기 힘들 때, 늘그막에 하는 여행 아니냐고. 이건 정말 모르는 사람의 말이다. 크루즈를 타고 떠난 우리의 신혼여행은 그 어느 여행보다 역동적이고도 우아했다. 어쩌면 체력 없이는 즐길 수 없는 것이 바로 크루즈여행일 것이다. 내형 크루즈여행은 바다 위에 떠다니는 배만 타는 지루한 여행이 아니었다. 없는 것 없는, 모든 것을 다 갖춘 거대한 최고급 호텔이 항해하며 여러 도시를 데려다 준다고 생각하면 된다. 초대형 크루즈는 바다를 여행하는 작은 도시라고 표현해도 지나치지 않다.

우리는 마이애미 항구에서 출발하여 바하마, 나소(멕시코), 코즈멜(온두라스), 로아탄(멕시코), 코스타마야를 여행하고 돌아오는 9박 10일 로얄캐리비안선사의 얼루어 오브 더 씨 크루즈를 탔다. 참고로 로얄캐리비안은 크루즈 선사 중 보유한 배가 가장 많고, 가장 큰 배를 가진 회사이다. 여행 일정은 남미 여행이라 동양인은 거의 보이지 않았다. 우리가 지나다니면 많은 사람

이 호기심 어린 시선으로 보곤 했는데 이런 관심이 나쁘지만은 않았다. 특별해진 느낌이랄까. 크루즈여행의 가장 큰 장점은 여러 나라를 여행하는데 짐을 싸고 풀고 숙소를 옮길 필요가 전혀 없다는 것이다. 거기에 드는 시간과 체력을 아끼면서도 여러 나라를 다닐 수 있다니 이보다 좋은 여행이 어디 있을까. 원한다면 정박한 배에서 내려 여행도 가능하다. 다시 생각해도 우리의 신혼여행은 정말 최고였다. 또 간다면 더 잘 지내다 올 수 있을 것 같다.

다양한 즐길거리

우리는 매일 자쿠지와 수영장, 카지노와 라이브 카페를 즐기고 세계적인 수준의 뮤지컬도 관람하였다. 그 밖에도 농구, 골프, 서핑, 댄스클럽, 암벽등반, 아이스링크 등 정말 다양한 놀거리들이 준비되어 있어 지루할 틈 없이 시간 가는 줄 몰랐다. 무엇보다도 매일 밤이 되면 선내 거리에서 화려한

퍼레이드 공연을 즐길 수 있었다. 음료를 손에 들고 길을 다니며 춤을 추고, 문화의 구분 없이 다양한 인종들이 어울려 놀고 재미를 공유한다는 것은 색다른 즐거움이었다. 한국의 길거리였다면 상상도 못할 움직임이었을텐데 모두 다 그렇게 노니 우리도 끼어들었다. 특히 이날은 챙겨간 한복을 입고 나갔다. 많은 사람들 사이에서 눈에 띄어 부끄럽기도 했지만, 이런 시선을 느끼는 것도 여기뿐이지 하면서 귀엽게 엉덩이를 흔들었다.

　크루즈선 내의 어떤 컵을 구매하면 모든 음료와 맥주가 여행하는 동안 무제한이라는 사실도 매력 포인트 중 하나! 결혼 전에도 라이브바를 좋아하여 그곳에서 데이트를 많이 했는데, 선내에 라이브 바들이 많아서 로맨틱하게 칵테일과 음악을 즐기는 것도 큰 재미였다. 사실 매일 기대하며 기다렸던 것은 바로 저녁 식사! 크루즈선 내에는 다양한 개별 레스토랑이 있다. 예약한 시간에 예약한 식당에 가면 날마다 고급 디너를 맛볼 수 있다. 훌륭한 서빙과 신혼부부를 위한 축하 샴페인과 원하는 모든 메뉴를 마음껏 즐길 수 있는데 어찌 기대하지 않을 수가 있을까. 선내의 모든 제품은 면세라는 사실도 기억할만하다. 우리는 와인을 사서 마셨으며, 선물로 데낄라도 몇 병 구매했다. 같은 배이지만, 항해하면서 나라가 바뀌면 가격도 조금씩 바뀐다는 것이 흥미로웠다.

카지노와 경매 체험

크루즈에는 무시무시한 카지노도 있다. 우리를 홀딱 벗겨 먹을 것 같은 도박장이었다. 내심 일확천금을 기대하며 두려움 반, 기대 반으로 겉으로는 당당하게 입장했다. 한국인처럼 생긴 딜러가 있길래 혹시나 해서 "한국 사람이세요?"하고 물어보았다. 크루즈선 내에는 아직까지 한국인이 보이지 않았기에 너무 반가웠고, 조국의 언어로 대화한다는 즐거움이 마치 지중해에서 먹는 컵라면 같았다. 하지만 해외에서 한국인에게 가장 위험한 건 한국인이라고, 바로 그 친근한 한국 딜러에게 우리는 순식간에 탈탈 털렸다. 포커 게임이었는데, 그 게임을 잘 알지도 못하는 우리를 그녀는 웃으면서 벗겨 먹었다. 포커를 연습해 오긴 했는데, 오히려 그게 패망의 원인인 것 같기도 하다. 그녀는 프로였다. 허망히 남은 주머니 속의 종잣돈을 만지작거리며 우리는 마지막 한 판의 게임을 찾아다녔다. 소중한 코인 몇 개가 우리에게 빛을 비추어 주기를 바라며 선택한 게임은 바로 룰렛. 실력으로 안 되니 운에 맡겨 보자. 그리고 신혼의 행운도 있으리라, 그렇게 간절히 믿었건만, 결국 얼마 되지 않아 우린 파산당해 쓸쓸히 퇴장했다.

　카지노에 쓸 돈을 계획했기에 망정이지 내 전 재산을 저렇게 잃으면 어땠을까 아찔했다. 이 맛에 카지노를 가나 싶기도 하지만, 두 번 다시 못 올 곳이라 생각하며 크루즈 라운지에 앉아 쉬고 있었다. 그런데 갑자기 시작되는 경매, 그곳에서 난생 처음 박진감 넘치는 경매 현장을 경험했다. 경매품은 주로 예술품들이었는데 그 자체만으로도 매력적인 상품들이 많았다. 경매장에서 카지노 딜러 뺨치는 훤칠한 키에 잘생긴 프로를 만나게 되었는데, 그는 경매사였다. 상품을 설명하면서 마구잡이로 사람들을 홀리는데 어느새 군중들이 모이기 시작했고, 미술품 안으로 빨려들어가게 했다. 그렇게 100달러, 150달러, 200달러…. 가격이 더 올라가면 어떡하지? 나도 갖고 싶은데…. 아까 파산해서 돈은 없지만, 그래도 신혼여행인데…. 손에 땀이 나기 시작했다. 경매사는 점점 분위기를 고조시키며 소리 치기 시작했고, 살 돈도 없었지만 괜히 나도 아드레날린이 뿜어져 나왔다. '카지노 포커만 아니었어도 신혼여행 전리품을 구했을 텐데.'라고 분개하며 손을 올릴까 말까 고민했다. 어쩌다가 앞에 앉아서는, 아니 여기가 앞이 맞긴 한 것인지, 이미 예술작품에 빨려들어 원근감도 잃어버린 상황이었다. 날 잡아채어 빼내준 건 아내였다. 믿음직스러운 아내는 냉철했다. 이제 체력을 비축하기라도 한 것인지 다음 놀거리를 찾아가자고 했다.

신나게 춤추고 마시고 돌아다녀 지친들 어찌 인생에 한 번뿐인 신혼의 첫날 밤을 이야기하지 않을 수 있을까. 반드시 로맨틱해야만 했다. 파란 바다가 보이는 발코니룸에 들어오니 뜻밖의 샴페인, 타월로 장식된 가오리가 침대 위에 야릇하게 놓여져 있었다. 크루즈 매니저에게 미리 신혼여행이라 신경 좀 써 달라고 부탁했더니 이렇게 특별 서비스를 준비해 주었던 것이다. 한국인의 정과 비슷한 서비스랄까. 추가로 받은 데코레이션이 마음에 들었다. 약간 취한 듯한 분위기와 잔잔한 음악에 더해지는 바다의 파도 소리 그리고 아름다운 석양까지 모든 것이 완벽했다. 그렇게 모든 조화 속에 신혼 첫날밤, 우리는 둘이 들어와 하나가 되도록 역동적으로 그 잠에 푹 빠졌다. 한국 아파트에 층간 소음이 있다면, 캐리비안 크루즈에는 사랑만이 있었다. 아무튼, 제대로 즐기는 크루즈여행에는 반드시 강인한 체력과 정신력이 필요하다. 미리 준비해서 와야 한다.

온두라스 섬에서 즐기는 스노클링

체력 회복에는 꿀잠만한 게 없다. 대형 크루즈에서 배멀미는 전혀 느끼지 못했다. 흔들림이 미세하게 있음을 느끼려면 약간의 노력이 필요한 정도였다. 그 어느 것도 느끼지 못한 채 숙면을 취한 후 엑스커션 탐험을 위해 온

두라스 섬에 도착하여 크루즈에서 내렸다. 줄을 지어 춤을 추는 환영대 그리고 화려한 드럼 소리와 노랫소리는 화면과 스피커에서 나오는 것이 아닌, 매우 현장감 있는 라이브 연주였다. 이건 크루즈만의 또다른 이벤트인데, 승선과 하선할 때마다 선원들이 배 출입구에서 격하게 반겨 준다. 수건과 물도 챙겨 주는 센스. 흥겨운 승객들은 모두 들뜬 채 스노클링 장비를 걸치고 해변으로 걸어갔다.

여기가 어디이던가. 캐리비안이다. 캐리비안 하면 영화 '캐리비안의 해적'을 떠올리지 않을 수 없다. 해적질만 빠진 영화 속 그림 같았다. 그곳은 캐리비안의 온두라스 로아탄섬이었다.

열대어를 키우는 취미가 있는 나에게는 지중해의 물고기들과 함께 헤엄칠 수 있다는 것이 꿈만 같았다. 바다 밑바닥을 유영하는 가오리를 쫓아다니기, 저돌적으로 돌진해 오는 물고기들 피하기. 스노클링은 시간 도둑이다. 그렇게 몇 시간을 물장난치며 놀았다.

남미 여행답게 타코도 먹고, 데킬라도 마시고, 시가도 피고, 레게 노래도 불렀다. 캐리비안에서만 누릴 수 있는 매력들이 넘친다. 크루즈여행이기에 더욱 풍성하기도 했다. 그리고 신혼여행이라 더 특별했다. 앞으로 태어날 아들딸들과 부모님을 모시고 가족 여행으로 꼭 다시 와야겠다고 다짐했다. 어줍잖은 호캉스를 계획할 바에 크루즈를 타라!

"베링해의 남쪽 끝에는 호상弧狀을 그리는 섬들이 모여 있다. 그곳에는 북해로부터 신의 화살이 놓여 있다. 언제부터 이 화살이 걸려 있었는지는 아무도 알 수 없다. 지금도 주인 잃은 화살은 북태평양의 비바람과 강설을 맞으며 녹슬어 가고 있다. 이 팽팽한 시위를 당겨 본 자는 아직 아무도 없다."

- 소설 〈베링〉 도입부

누가 신의 화살을 잡아당길 것인가?

베링해 크루즈

전경일
소설가

코스
서울 - 캐나다 밴쿠버 - 알래스카 - 알루샨열도 일대 - 일본 하코다테 항 - 서울

소설을 구상한 지 5년 만에 태평양의 북쪽에 위치하여 동쪽으로는 알래스카반도가, 서쪽으로는 캄차카반도로 둘러싸인 베링해협을 탐사할 기회가 내게 찾아온 것은 가히 '운명적'이었다. 유럽 대륙을 잇는 북해로부터 꾸준히 남진하여 두 대륙이 만나는 지점, 즉 육지로 따지자면, 거대한 협곡을 이루는 이 $106km^2$의 면적에, 체적 $3.7 \times 106km^3$의 황량하고 위협적이기 그지없는 해협에 내가 이끌린 것은 그 깊이를 알 수 없는 해수층과 수십 수백 겹의 물살로 이루어진 미묘하고도 사람의 감각을 휘어잡는 듯한 변화무쌍한 물빛 때문만은 아니었을 것이다.

해당 지역의 해도를 한번 본 이래 이 웅장한 대자연은 상상 속에서 나의 세계를 휘저으며 쉼없이 내 의식에 파문을 일으켰고, 그로 인해 생긴 황홀한 선망은 끝내 나를 이 먼 바다로 안내한 진정한 안내자였던 것이다. 몇 해 전부터 내 눈은 세계지도를 펼쳐놓고 다음 여행지를 어디로 정할지 궁리하곤 했는데, 이때로부터 이 지역의 특수한 사정은 나를 한껏 매료시켜 왔던

것이다. 해서 나는 베링해로의 여정의 시위를 당겼다. 이곳은 필시 신의 손이 특별히 닿아 설계한 곳일 테니까.

누구든 이 거대한 협곡 사이에 화살을 걸고 잡아당기면 화살은 저 멀리 동남아의 바다를 건너 남태평양에 점점이 찍힌 마셜군도의 섬들을 통과할 것이고, 다시 아프리카 대륙의 서북단을 지나 영불 해협 사이를 통과한 뒤, 얼음장이 두께져 흐르는 북해를 지나 다시 원위치에 도착해 저 열도 위에 재장전될 것이다. 틀림없이 이 화살을 알류샨열도의 절피에 거는 것도 신일 터요, 시위를 잡아당기는 것도 신일 터다. 하지만 만약 인간에게 저 화살을 잡아당길 권리가 주어진다면 그 화살은 어디로 향할 것인가. 단 한 번의 당김, 그리고 세상을 향해 힘이 다할 때까지 날아가는 인생의 여정이 바로 여기에 있지 않을까. 상상 끝에 소설의 서문을 위와 같이 기술하고, 그 현장을 가보고자 한 게 나의 베링해 크루즈여행의 시작이었다.

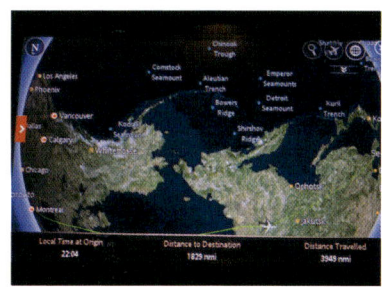

북해로부터 왼쪽 알래스카반도와 오른쪽의 캄차카반도 사이의 바다가 바로 베링해이다. 베링해 앞에는 띠처럼 반호半弧를 그으며 누운 알류산열도가 마치 화살을 걸어 놓은 활과 같아서 나의 소설적 상상력을 자극하였다. 이 같은 신비한 지리적 특성이 나의 행선지를 이 거친 바다로 향하게 한 동인이었다. 사진은 내가 크루즈를 탄 10일간의 여정 이후 일본 하코다테 공항에서 비행기를 타고 인천공항으로 향할 때 항공기 좌석에 표시된 비행 여정을 나타낸 지도를 캡처한 것이다.

인간의 운명이란 당겨지기 위해 누군가의 손길을 기다리고 있는 화살과 같다. 그것은 저 고르디아스의 매듭(알렉산더대왕이 단칼에 잘라버렸다는 매듭)처럼 여행자의 선택과 결단을 요하며, 그 길에 필요한 것은 단지 막 출항하려는 배에 올라타는 것뿐이다. 캐나다의 밴쿠버에서 나를 위해 몸을 한껏 풀고 있는 거대한 여객선 '밀레니엄'호에 내가 캐리어와 함께 승선한 것은 2019

크루즈선 '밀레니엄'은 나와 일행을 근 열흘간 태우고 베링해를 건너는 멋진 여행 경험을 선사해 주었다. 선실 내부의 환상적인 음식과 멋진 여행 친구들과의 환담은 이국적 정취를 더해 주었다. 도중에 들른 알래스카 기착지에서의 짧은 여정도 머릿속을 쨍하게 만드는 일기☀와 더불어 대자연의 진수를 만끽하게 했다. 〈유콘강에서 보낸 겨울〉이라는 제목의 소설을 구상한 것도 바로 여기서였다.

년 9월 9일이었다.

이미 3일 전인 9월 6일 나는 진즉에 민항기로 밴쿠버에 도착해서 시내 곳곳을 누비며 캐나디안의 삶의 일면을 들여다보고 있었다. 겉으로 보기에 느슨한 이곳 사람들의 일상도 속속들이 살펴보면 삶의 긴장이 풀린 것만은 아닐 것이다. 인간 사는 세상엔 어디든 적당한 긴장이 함께 하는 법일 테니까. 하지만 이 멋진 바닷가 풍경 속 남녀라면 이들보다 더 나른한 오후를 맞이하는 이들은 없을 것이다. 각박함의 대명사인 서울보다는 여러 면에서 헐겁다. 이 헐거운 것을 위해 나는 해변에 시선을 던졌다.

작은 선박을 타고 밴쿠버 시내를 가로지르는 수로며 해변 건물들의 풍광을 바라보는 것도 3일 산의 크루즈 대기 기간 중에 내가 누린 호사였다. 서울에서 내게 달라붙던 현실을 떼어내고, 다른 현실을 만나는 것은 심신을 새롭게 충전하는 의미가 있다. 여행의 묘미는 이런 것이리라.

이번 여행에는 동행한 일행이 있는지라 모든 면에서 편리했고, 순조롭기까지 했다. 그런고로 내 일, 즉 구상하였던 멋진 작품을 써야겠다는 목적에 전적으로 집중할 수 있었다. 이 여행 바로 직전에 나는 쿠바에서 3개월간 체류하다가 온 까닭에 그 열대의 섬에서 쓰던 소설을 이 베링해의 찬 바다에서 마무리 지어야만 했다. 일테면 여행과 글쓰기가 동반된 여정이라고 할까.(이때 마무리 지은 소설이 〈백만 년 동안 내리는 비〉다.)

선실에서 글을 쓰다 보면 내 책상 옆으로 몰아치던, 아이스크림처럼 부드럽게 퍼지던 파도가 일으키는 포말과, 찬찬히 반짝이며 빠르게 선미로 흘러가던 일광에 노출된 그 짙은 해수면의 노스탤지어를 나는 잊지 못한다. 와인을 마시며 글을 쓰다가 문득 무료해지면 선내에서 제공하는 다양한 먹거리, 볼거리, 놀거리에 빠져들었다. 시간을 때울 것은 많았다. 러시아 올림픽 금메달리스트 부부가 펼치는 아크로뱃 공중 공연, 다양한 영화와 다큐멘터리 상영, 등 뒤로 손을 뻗어 피아노를 치는 피아니스트의 기교 어린 연주 동작 등등 근 보름간의 여정 중 선상의 무료함을 달래줄 콘텐츠는 차고도 넘쳐났다. 그런 중에도 한밤이면 낮에 식사를 제공하던 초대형 선실 식당의 흐릿한 불빛 밑에서 새벽 2시까지 자판을 두드렸다. 밤바다는 어둠 속에 가라앉은지 오래고, 각 선실마다 고른 숨소리가 나던 시간에 나만이 그 밤의 신비함 속에 빠져들었다. 그런 가운데 날짜변경선을 지난 9월 12일에는 시침을 돌려 내 잔여생에서 1일을 덧붙였다. 여행하는 동안 내 인생이 길어진 것이다.

크루즈의 맨 위층에는 온수 풀장이 있어 여행 친구들은 이곳에서 한국식으로 몸을 지졌다. 뜨거운 물에 몸을 담그고 베링해를 바라보는 호사가 들이라니!

흐린 날은 갑판을 산책하며 이 무한한 우주와 나란 한 인간에 대해 존재론적 사유를 하곤 하였다. 대단한 깨달음을 얻는 건 아니지만, 정신은 한없이 맑아졌다. 이런 청량감을 에베레스트 산정에서 느꼈던가.

당초 내가 베링해 횡단 여정을 기대했던 것은 이 지상의 최북단이자 오지인 알래스카에 발을 디딘다는 의미도 있었지만, 그보다는 대륙과 대륙을 잇는 경험을 직접 하고 싶었기 때문이다. 저 유명한 '대륙이동설'은 오래전 하나의 큰 땅덩어리였던 '팬지'라 불리던 대륙괴가 쪼개져 '판타라사'라 불리는 하나의 바다에 흩어지면서 뒤덮여 그 파편이 오늘날 대륙을 이뤘다는 이론이다. 그렇다면 이 알류샨열도야말로 바로 그 작은 파편의 일부인 것이

베링해 여행처럼 한가하고 무료하며 글에 집중이 잘 된 적이 없었다. 파도가 내 귓전에 몰려오는 서재에서 글을 쓰다니! 세상에!

제1부 꿈의 여행, 크루즈

며, 그것이 내가 상상하였던 '신의 활' 모양을 이루게 된 지리적 배경인 셈이다. 소설 착상으로는 상당히 그럴듯해 보여 여기에 더 집착했다. 그런데 후에 내가 더 빠져들게 된 것은 하나의 땅이 두 대륙으로 갈라질 때 만약 두 남녀가 있었다면, 그들은 어떻게 되었을까 하는 점이었다. 영원한 별리가 가져온 영원한 부절不絕의 그리움이 그 두 남녀의 정서를 극도로 잡아당긴 계기가 된 것은 아니었을까. 그리하여 지금도 남녀는 애타게 서로를 찾는 것인지도. 말인즉, 이야기는 이렇다.

아주 오래전, 선사 시대 이전에, 이 대륙괴의 북동쪽 끝자락에 매우 힘겹게 도착한 두 남녀가 있었다. 그들이 어떻게 이 멀고 황량하며 추위가 뼈를 찔러 대는 극단까지 오게 되었는지는 알 수 없다. 그런데 그들이 도착하고 얼마 안 있어 갑자기 땅이 갈라지며 둘 사이는 멀어지기 시작했다. 그러자 앞서 걷던 남자는 놀라 뒤를 돌아보며 여자를 향해 외쳤다.

"빨리 뛰어!"

기진한 여자는 온갖 힘을 다 해 뛰어보려 했지만 발걸음은 무거웠고, 종국에는 한 발자국도 움직일 수가 없었다. 그 사이 땅은 더 벌어져 이제 그들은 완전히 멀어지고 말았다. 여자는 손을 뻗어 남자를 잡아보려 했으나, 그녀의 손은 허공만을 휘저을 뿐이었다. 여자가 다급하게 외쳤다.

"당신이 내게서 멀어지고 있어요. 당신에게 다가가려면 어떻게 해야 하죠?"

이미 멀어진 남자는 여자의 외침을 들을 수가 없었다. 절망에 사로잡힌 두 사람은 이제는 그저 우두커니 서서 멀어져 가는 상대를 바라볼 뿐이었다. 대륙을 함께 횡단해 온 두 남녀는 이 땅끝에서 멀어졌다. 두 사람이 딛고 섰던 것은 과연 무엇이었을까.

이게 내가 소설〈베링〉에서 구상하려던 이야기의 모티브다. 이 이야기가 베링해의 한복판에서 나의 심중을 답답하고 사무치게 할 때마다 밤공기를 마시기 위해 나는 선실을 벗어나 깊고 푸른 북극해의 하늘을 쏘듯 노려보았다.

우리는 긴 이별 속에 서로를 이해할 수 없는 방식으로, 마치 불가항력적 힘에 이끌려 가듯 삶을 대하는 존재들이다. 남녀란 뭍과 물처럼 서로 만날 수밖에 없는 존재이자, 다른 한편으론 끝내 다가갈 수 없는 존재로 저편에 놓여 있다. 만약 운명이란 게 있다면, 그것은 물 위를 떠도는 육지이거나, 육지를 찾아서 출렁이는 바다 같거나 할 것이다. 따라서 두려움 없이 운명이 부는 방향을 따라 우리는 신의 화살을 이 베링해에서 쏘아야만 한다. 그러면 누군가가 쏜 화살은 지상을 돌고 돌아 큐피트의 화살처럼 끝내 누군가의 심장을 맞출지도 모르니까.

베링해의 찬 바람과 격렬하게 배를 짓이기듯 선체가 떠는 소리를 들으며 나는 여행 기간 내내 작품을 써 나갔다. 그러다 어느 날 선미로 흩어지는 물결을 홀연히 바라보다 보니 배는 어느새 잔잔한 물결을 타고 일본 북해도北海道의 하코다테 항函館港에 들어서고 있었다. 뭍의 풍경이란 물 위를 달려온 내게는 안도 그 자체였고, 나의 다리가 무엇을 원하는지 곧바로 알게 했다. 일행은 곧 일색日色 짙은 풍경 속에서 이 극동의 섬나라를 탐방했다. 밴쿠버에 설치된 시계탑과 똑같은 것이 하코다테 관광지에 설치된 것을 보고 일본의 북미 교류사의 일면도 볼 수 있었다. 또 관광객을 호객하는 수로의 그림 같은 뱃놀이가 여행자의 눈길을 사로잡기도 하였다. 나의 여정은 이렇게 막바지에 이르고 있었다.

서울로 날아오르는 비행기에서 꾸준히 내 눈길을 잡아 끈 것은 앞 좌석 등받이에 표시된 항로였다. 지도를 바라보며 대륙을 건너온 감회를 떠올리는 순간, 불현듯 내 의식은 저 점점이 흩어진 알류산열도로 향했고, 나는 어느새 신이 걸어둔 활 앞에 다가가 있었다. 화살을 잡아당겨야 할지 말지 잠시 망설였다. 그때 반구형의 기내창에 비친 주저하고 머뭇대는 한 중년 사내의 모습이 보였다. 삶을 변화시킬 결단을 할 때였다. 순간, 나는 눈을 질끈 감곤 베링해의 거대한 도전을, 내 영혼 속에서 뒤채는 저 가장 큰 파도를 향해 시위를 당겼다.

운명은 당기는 자의 편이다. 지구를 횡단하는 여행자라면 자신 앞에 놓인 활을 잡아당기고, 날아가는 화살보다 더 빨리 달려야 하리라.

When it's springtime in the Rokies.

I am coming back to you.

짠순이들의 알래스카·로키 여행기

안정애
말과글 편집장

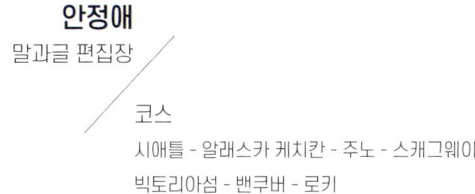

코스
시애틀 - 알래스카 케치칸 - 주노 - 스캐그웨이 - 빅토리아섬 - 밴쿠버 - 로키

긴 레이스에서 배턴을 넘겨 준 뒤의 휴식 같은 것. 여행은 지친 일상에 에너지를 불어넣어 준다. 그로부터 한동안 힘든 나날도 무리 없이 이어질 터, 그러다 무거운 눈을 뜨면 또 새로운 여정을 꿈꾸게 된다.

알래스카 크루즈는 느닷없이 결정됐다. 원래 계획대로 사는 스타일이 아니어서 인생이 누서없이 흘러가기도 하고, 싫증이 나거나 변덕을 부리면 도중에 그만두는 일이 잦은 편이다. 35년간 직장을 다닌 것은 나에게는 기적 같은 일이었다.

2019년 3월, 끝이 없을 것 같던 직장생활을 접는 순간이 왔다. 아침의 여유와 안온함, 행복감 같은 낯선 감정을 느끼며 익숙지 않은 일상이 시작되었다. 소파에서 낮이고 밤이고 TV 리모컨과 함께 뒹굴었다. 아침마다 알람을 껐다 켰다 집어던졌다 하던 긴장에서 벗어나니 온 세상에 평화가 왔다고 느껴지기도 했다. 그러나 한두 달 지나니 그도 시들해졌다.

그러던 중 캐나다에 파견 나가 있던 직장 절친이 9월에 귀국할 예정이니,

그전에 왔다 가라고 연락해 왔다. 처음엔 밴쿠버에 들렀다가 혼자 로키산맥을 갈까 했으나 서로 시간대도 잘 맞지 않고, 여름방학 성수기에 걸쳐 있어 비용이 만만치가 않았다. 내친 김에 여행사 상품을 알아보니 좀 뒤로 미루면 가격이 절반으로 낮아졌다. 백수가 되니 남는 게 시간인데, 남들 다 가는 성수기에 갈 필요가 있나 싶고, 이왕 갈 거면 동행을 구해야겠다 싶어 여기저기 전화를 돌린 결과 일찍 교직에서 명예퇴직하고 온갖 여행지를 섭렵하고 있던 친구 혜명이가 스케줄을 맞춰 주었다. 최고의 여행은 역시 친구와 같이 가는 것이다. 젊은 날 전국 곳곳을 같이 다닌 친구 혜명이와 환갑 문턱에서 다시 만나 캐나다까지 가게 될 줄 그때는 정말 몰랐다.

  처음엔 로키산맥만 5박 7일 일정으로 다녀올 계획이었으나 알래스카 크루즈를 연결해서 가 보자고 의기투합, 예약했던 여행사에 귀국 항공편을 열흘 정도 늦출 것을 부탁했더니 인당 40만 원을 더 청구하는 것이었다. 급히 해약하고 검색을 거듭하여 미국 내 한인여행사 O.K.Tour에 따로 로키투어를 신청했다. 델타항공사를 이용하고 목적지를 밴쿠버보다 항공료가 싼 시애틀로 바꾸어 여행사 패키지 상품보다 저렴한 요금으로 일정을 맞추었다.

  크루즈 선사 홈페이지에서 알래스카 예약을 하려고 알아보던 중, 카카오톡으로 연락을 주고받던 O.K.Tour 직원에게 문의했더니 크루즈 예약까지 수수료 없이 해 주겠다고 하여 성공적으로 두 개 투어를 연결해서 일정을 짤 수 있었다. 시애틀에서 시작해서 밴쿠버 도착으로 끝나는 크루즈 노선을 택하여 시간 낭비 없이 바로 로키투어로 연결되었다. 현지 한인여행사와는 카카오톡과 메일로 자유롭게 연락했고, 교포 직원이 보이스톡으로 수시로 통화하면서 안내해 주어 여간 편리한 게 아니었다. 패키지투어보다 자유여행을 좋아하던 나로서는 편하고 저렴한 현지 여행 상품에 입문하는 계기가 되었다.

낭만의 도시, 시애틀

9월 4일 저녁, 인천공항에서 비행기를 타고 10시간 남짓 걸려 시애틀에 도착했다. 크루즈 선박은 6일에 출발하므로 시애틀에서 이틀간의 자유여행을 할 수 있다. 숙소는 에어비앤비를 계속 찾아보다가 교통이 편리한 시애틀 유스호스텔로 정했다. 시애틀 유스호스텔은 차이나타운 가까이에 있어서 근처 슈퍼에서 쌀도 팔고 있고, 주방에 밥솥까지 있었다. 주방에는 온갖 빵과 커피, 잼·소스류를 갖추고, 과일과 주스까지 풍성한 아침을 제공했다. 아침 식사 후 스타벅스 1호점과 껌벽, 피시마켓 등을 구경했다. 시애틀

지미 헨드릭스와 시애틀 음악박물관

거리는 귀국하기 전날까지 며칠이나 돌아다녀 많이 익숙해졌고, 무료 셔틀버스가 시내 여러 곳을 운행하고 있어, 지하철도 거의 타지 않고 시내를 누볐다. 크루즈 항구로 갈 때에는 우버도 이용하며 신기해했다.

'시애틀의 잠 못 이루는 밤'이라는 영화처럼 어디엔가 애틋한 사연이 깃들어 있을 것만 같은 도시 시애틀. 바다와 생기 있는 시장과 스페이스 니들 타워가 있고, 기타를 든 지미 헨드릭스의 조각과 햇빛에 찬란히 반짝이는 음악박물관을 품은 현대적이고 세련된 도시, 자연의 일부인 인간으로서 백인의 환경 파괴를 비판한 인디언 추장 시애틀이 잠든 도시. 큰 캐리어를 밀고 경사진 길을 갈 때 '도와줄까?' 하는 눈길로 바라보다가 사양했더니 "Good luck!" 하며 미소를 날리던 핸섬한 직장인들이 있는 멋진 곳이었다.

고래를 만나다

6일, 크루즈 항구에서는 셀레브리티 크루즈Celebrity cruise선사의 솔스티스Solstice호가 우리를 기다리고 있었다. 배는 깨끗하고 안전하고 안락해 보였다. 우리는 오션뷰 캐빈을 신청했다. 크루즈여행은 가성비 '갑'으로 느껴지는 상품이었다. 7박 8일 일정에 1,200달러(팁 별도)로 이동, 숙박, 식사 모든 게 해결되었으니. 크루즈를 타자마자 우리는 환호했다. 24시간 개방하는 뷔페식당이 기다리고 있었다. 짐을 부린 후 승선 시 받아야 하는 안전 교육이 있었는데 방송을 제대로 알아듣지 못해서 참석하지 못했다. 그 시간 뷔페에서 신선한 연어를 접시 한가득 담고 있었나 보다.

캐빈이라 불리는 방은 그런대로 넓고 깨끗한 침대에 소파도 갖추고 있었다. 무엇보다 7박 8일 동안 짐을 꾸리지 않고 같은 곳에서 숙박하는 장점이

파키스탄인 매니저와

정찬식당에서

엠프레스호텔 카페에서

(좌)피요르드 해안의 크루즈선에서 (우)크루즈에서 본 일몰

있었다. 풍성하게 제공되는 뷔페 음식과 저녁에 옷을 갖추어 입고 가서 즐기는 정찬, 선실 안 혹은 갑판 위에서 볼 수 있는 주변 섬과 해안 풍경, 바다를 헤쳐 나가는가 하면 피요르드 해안도 마주치고 빙하, 고래들이 뛰는 모습 등을 가까이 육안으로 볼 수도 있는 크루즈여행은 참으로 호사스럽고 편안히 유유자적할 수 있는 시간을 펼쳐 주었다. 성인이 된 후 처음 맞은 여유인 듯하다. 여행도 노동처럼 빡세게 해내는 한국인들에게는 강제로 주어지는 이런 여유가 필요하다고 느껴졌다.

  항해 중 항구에 정박하지 않고 바닷길을 계속 달리기만 하는 날도 있었는데, 그런 날에는 몇 번이나 뷔페식당을 드나들며 몸무게를 늘렸다. 불어나는 체중, 이것은 크루즈여행의 유일한 단점이다. 가끔 탁구장에서 라켓을 휘두르거나 수영장, 볼링장 등을 기웃거리기도 하고, 저녁에는 마음에 드는 음악을 연주하는 밴드를 찾아서 막춤을 추기도 했다. 때로는 영화 '라붐'의 주인공처럼 헤드셋을 쓰고 여러 장르의 곡을 선택하여 제각각 다른 춤을 추었다. 영화에서 보듯 드레스를 입고 격식 있게 춤을 추지는 않았다. 바람이 불지 않고, 햇볕도 따갑지 않으면 갑판에서 걸어다니며 바다를 보다가 고래떼라도 만날 행운을 기다렸다. 기다리다 포기하고 카페나 캐빈에 내려오면 그제야 고래 무리가 등장했다. 가족 단위로 움직이는지, 늘 숫자가 10마리를 넘지 않았다. 바다 위를 뛰어오르며 헤엄치는 모습은 심장에 생기를 불어넣는 느낌을 준다.

원주민들의 문화를 엿볼 수 있는 케치칸

첫 기항지인 케치칸Ketchikan은 원주민들의 생활상과 신앙을 엿볼 수 있는 박물관과 원주민 마을이 있고, 곰과 각종 야생동물의 모습을 가까이에서 접할 수 있는 곳이다. 배에서 내려 시내를 돌아보고, 연어가 바다에서 돌아와 알을 낳는 강을 따라가 보았다. 여기저기 곰 조각이 많이 눈에 띄었다. 단군 신화에서부터 곰을 어머니 격으로 생각한 우리의 곰 토템이 연상되어서인지 친근하게 느껴졌다. 천하대장군보다 키 큰 나무에 여러 가지 토템과 관련된 조각이 여러 층 화려하게 새겨져 있는 토템폴Totem pole도 인상 깊었다.

크릭 스트리트Creek street라는 곳은 강을 낀 산책로인데 예전에 성 매매업이 성행했던 곳이라 한다. 지금은 박물관과 기념품점이 들어서 있다. 나무 계단을 벗어나면 Married Man's Trail이라는 팻말이 붙은 길이 나온다. 왜 저런 이름이 붙었을까 궁금증이 일었다. Salmon Row 밑에 Dead End라는 표지판이 나와서 강변으로 내려갔더니, '물 반 고기 반'이라는 표현보다 '고기 천지'라 해야 할까, 어시장 대야에 담긴 미꾸라지처럼 연어들이 복닥거리고 있었다. 한쪽 기슭에서는 알을 낳고 수명이 다한 연어들이 새의 먹

이가 되고 있었다. 크루즈여행의 몇 장면 중 아직도 생생하게 떠오르는 광경이다. 번식을 위한 필사적인 연어의 몸짓을 보고 복잡한 생각에 사로잡혔다. 부모의 죽음에 기반한 자손의 번식, 번식을 마치자마자 끝나버리는 짧은 생애, 이 단순한 자연의 법칙은 100세 시대 무병장수를 바라는 인간에게 깊은 질문을 던지고 있었다.

두 번째 기항지인 주노Juneau에서는 버스를 타고 멘덴홀 빙하Mendenhall Glacier를 보러 갔다. 그렇게 엄청난 규모의 빙하를 가까이서 볼 수 있는 기회가 없다고 한다. 따로 배를 타고 고래를 관찰하거나 연어 낚시를 하는 등의 선택 관광 상품이 있었으나, 우리는 빙하와 그 옆의 너겟 폭포Nugget Falls만 보고 시내 관광을 했다. 주노는 알래스카주의 주도라 그런지 규모가 크고, 레스토랑이나 카페도 제법 많았다. 보석 가게들도 많이 보였으나 눈길을 끌지는 않았다. 카페에서 커피만 한잔하고 크루즈선으로 돌아왔다. 늘 신선한 과일과 음료, 맛있는 음식이 제공되는 뷔페를 드나들다 보니 밖에서 식사할 이유가 없고, 배로 돌아오는 시간이 기다려진다.

바다 위를 떠다니는 푸른 유빙들

세 번째 도시 스캐그웨이Skagway는 우리가 가장 기대하던 곳이었다. '북풍이 불어오는 곳'이라는 뜻의 스캐그웨이는 금이 발견되면서 골드러시 때 수많은 사람들이 몰려들었다고 한다. 당시 금을 실어나르던 기차 '화이트패스'는 아름다운 기찻길로 유명해져서 다시 인기몰이를 하고 있다.

우리는 캐나다 유콘까지 이어지는 긴 노선이 아닌, 절반쯤까지 올라갔다가 내려오는 경로를 선택했다. 원화로 14만~15만 원 정도 하는 티켓이었다.

왕복 2시간쯤으로 생각되는 거리인데, 확실히 물가가 비쌌다. 반환점까지 가서 내려 준 후 자유 시간을 보내고 나면, 돌아가는 기차를 탈 수 있다고 해서 한참 돌아다니며 사진을 찍고 있었더니, 여행센터 사람이 와서 돌아가는 기차가 운행을 못 하게 됐다며 대신 버스를 타고 가도록 안내하는 것이었다. 티켓은 기차 쪽이 더 비싸긴 했는데, 버스 타고 가다 숲 속 오두막에 내려 당시 생활상도 볼 수 있었고, 색다른 경험을 한 것도 좋았다. 하지만 구입한 티켓과의 차액은 어떻게 처리할지, 차액 환불 또는 왕복 요금 중 편도 이용료 환불, 아님 환불 불가? 세 가지 경우를 예상하며 도착했더니, 티켓 값 전액을 환불해 주는 것이었다. 우리는 복권이라도 당첨된 듯 기뻐하며 "역시 선진국은 달라."라고 하며 미국을 찬양했다. 쿨한 대응에 강렬한 인상을 받은 탓인지 기차 탔을 때 주변 풍경 같은 것이 별로 기억 나지 않는다. 후에 꽃피는 계절에 다시 와서 정식으로 긴 노선 티켓을 끊고 캐나다 유콘주까지 가 봐야겠다고 생각했다.

배가 글레이셔베이 국립공원 근처에서 멈춰 있을 때였나 보다. 아침에 혜명이가 창밖을 보고 "빙하다!" 외치는 소리에 잠에서 깼다. 창문 바로 옆에 큰 건물처럼 빙하가 솟아 있었다. 가슴이 쿵 하고 내려앉았다. 경이로웠던 그 순간을 설명할 말이 떠오르지 않는다. 피요르드 해안 속, 바다 위를 떠다니는 푸른 유빙들, 이 세상 같지가 않았다. '조물주는 어떻게 나에게 이런 작품을 눈앞에 두고 바라볼 순간을 허락했을까?' 생각하는 사이 배는

멘덴홀 빙하

빙하들 사이를 360도 천천히 회전하며 큰 빙하에서 얼음 조각이 떨어지는 모습을 보여 주었다.

아름다운 빅토리아섬

마지막 기항지는 빅토리아섬. 캐나다 속 영국처럼 느껴지는 아름다운 곳이다. 배가 정박했을 때에는 비가 내리고 있었다. 우기에 접어들기 직전이라 비오는 날이 더러 있었지만, 추적거릴 정도는 아니고 다닐 만했다. 빅토리아의 명소인 부차드 가든은 꽃 피는 계절에 오는 게 좋겠다고 지나쳤다.

오후에 배에서 내려, 저녁에 돌아가야 해서, 우리는 버스를 타고 시내 구경만 잠깐 하고 오기로 했다. 빅토리아 여왕의 조각상이 있는 빅토리아주 의사당과 엠프레스호텔은 빠트릴 수 없는 곳이다. 의사당 건물은 개방돼 있어 내부 구경도 할 수 있었다. 우리는 빅토리아 여왕 조각상 앞에서 여왕 놀이를 하며 즐거운 시간을 보냈다.

"그대에게 백작 작위와 함께 만촌동을 영지로 하사하노라."

"여왕 폐하, 수성구를 주시면 안 되겠나이까."

엠프레스호텔 카페에 들러서 한참 있다 나왔더니 그 사이 의사당 건물은 조명을 밝히고 있었다. 야경이 영화처럼 아름다웠다. 배로 돌아가기가 아쉬운 시간이었다.

크루즈선은 마지막 항해를 마치고 다음 날 아침 밴쿠버에서 우릴 내려 주었다. 우리는 항구에서 한인 여행사 직원을 만나 로키투어에 합류했다. 로키에서는 자가용보다 단체여행으로, 대형버스를 타라고 권하고 싶다. 차가 크고 좌석이 높아서 시원하게 시야를 확보해 주는 장점이 있다.

로키산맥은 봄에 와야 할 것 같지만, 가을의 로키도 좋았다. 로키에는 수종이 다양하지가 않아 삼나무·전나무 종류의 상록수와 자작나무가 대부분이었다. '단풍국' 캐나다에 걸맞지 않게, 화려한 퀘벡 쪽과 달리 자작나무 잎만 은은하게 노란색으로 물들었다. 우리나라 산의 단풍도 예쁘지만, 로키의 단순한 컬러도 아름다웠다. 상록수의 짙은 녹색 아래쪽으로 자작나무가 물들기 시작하는 모습, 산허리부터 봉우리를 감싸고 올라가는 흰 구름, 그리고 파란 하늘이 펼쳐져 있는 광경은 또 다른 가을의 얼굴이었다.

로키산맥 안쪽으로 들어가며 빙하가 덮여 있는 설산들도 자주 나왔고, 높은 산은 윗부분이 나무가 자라지 않는 툰드라 지대를 이루고 있었다. 빙하가 녹은 물로 된 빙하호로 빅토리아 여왕의 딸 루이스 공주의 이름을 딴 루이스 호수, 에메랄드 호수 등이 있고, 빙하 녹은 물이 강을 이루어 흘러가는 모습이 장관이었다.

죽기 전에 가 봐야 할 곳으로 버킷 리스트에 꼽힌다는 밴프는 잠깐 스쳐 지나가기는 정말 아쉬웠다. 빙하가 점점 녹고 있다 해서 더 안타깝게 느껴졌다. 설퍼산 곤돌라와 콜롬비아 아이스 필드 설상차를 타고 빙하 체험을 하러 다시 한번 오고 싶다.

영화 '돌아오지 않는 강'을 촬영했던 보 강 Bow river

나를 위한 최고의 선물 크루즈여행

은 영화에서처럼 뗏목을 삼킬 듯 소용돌이치지는 않았지만 물살이 세찼다. 마릴린 먼로가 부른 영화의 주제곡 '돌아오지 않는 강(River of no return)'을 들으며, 폭포처럼 강물처럼 거칠었던 세파를 헤쳐 온 우리네 인생사도 이제 잔물결 위에 고요히 흘러가길 빌어 보았다.

"사랑은 거친 바다 위로 휩쓸려 사라지는 여행자, 폭풍우 치는 바다에 사랑을 잃고 나는 그 사랑을 그리워하네."

로키투어를 마치고 밴쿠버에서 1박 하며 시가지 구경을 한 후, 시애틀로 이동하여 인천행 비행기를 탔다. 아름다운 풍광의 이면에 밴쿠버와 시애틀에서 본 노숙자와 마약에 찌든 젊은이들의 모습은 화려한 도시의 그늘로 기억된다. 밴쿠버의 헤이스팅스 거리 모습은 충격적이었다. 자리를 펴고 길 양쪽 인도를 점령하고 누워 있던 사람들은 이 추운 겨울 코로나 시국에 모두 보금자리를 찾아갔는지 궁금하다. 크루즈선에서 우리 전담 매니저였던 피터는 코로나 기간 동안 다른 일을 찾았을까.

작년에 크루즈선들이 고철로 팔려 나가고 있다는 기사를 보았을 때 솔스티스호 직원들이 떠올랐다. 이제 코로나가 소멸되면 다시 뱃길이 열리고, 크루즈선의 기항지들이 여러 선박으로부터 쏟아져 나오는 관광객들로 북적일 것이다. 로키는 옥빛 호수와 강을 품고 새로운 여행자를 맞이할 것이고. 노래의 가사처럼 로키에 봄이 오면 나는 그대에게 돌아갈 것이다.

"When it's springtime in the Rokies. I am coming back to you."

친구! 동무야. 벗이여~ 언제든 동행이 되지 않으련?

아내도 너무 좋아했다.
거기에 오랜 친구의 배려와 대접이 합쳐져
참으로 행복한 여행으로 마무리지을 수 있었다.

아내에게 최고의 여행 선물, 알래스카 크루즈

이승도
휴먼포커스 대표, 헤드헌터
전 에릭슨LG 국내사업담당 상무

코스
시애틀 - 스캐그웨이 - 주노 - 케치칸

아내와 알래스카 크루즈여행을 떠났다. 수험생인 딸과 중학교 2학년인 아들 때문에 그동안 여행을 하지 못한 아내와 어려운 사업에 지쳐 있는 LG 입사 동기 부부와 함께 떠났다.

미국 시애틀을 경유하여 목적지인 앵커리지에서 2박 3일 머물며 그곳의 자연을 즐기고, 일주일간의 알레스카 크루즈를 마무리하고 밴쿠버 인근 지역을 2박 3일 여행하는 일정이었다. 여행 소식을 들은 입사 동기가 휴가 내고 2박 3일 동안 밴쿠버 주변을 가이드해 주었다.

예전에도 갔던 시애틀 타워와 항구 그리고 스타벅스가 처음 개점한 조그만 커피숍을 둘러보고 앵커리지로 넘어갔다. 베링해 건너 러시아의 캄차카 반도와는 어찌 이렇게 엄청난 차이가 있을까. 한때 러시아 땅이었는데 미국이 매입한 지 100년 사이에 많은 변화가 있었을 것이다. 그러나 이런 환경에서 사는 사람들은 다 유사한 것 같다. 모두가 순수하고 편안해 보였다.

앵커리지에서는 승용차를 렌트해서 인근 지역을 돌아다녔다. 역시 앵커

리지는 자연 경관이 빼어나게 아름답다. 창밖으로 보이는 풍경에 눈을 떼지 못할 정도로 수려하다. 조금만 벗어나면 울울창창한 원시림과 빙하를 볼 수 있고, 빙하가 녹은 물이 석회와 섞여 회색빛 강으로 흐른다. 원시림 속에 있는 리조트에 들러 스키 슬로프 위의 레스토랑에서 멋진 장관을 보며 친구 내외와 식사와 와인을 즐겼다.

여행 중의 갈등은 빨리 해결하는 것이 상책

여행하면서 이런저런 사소한 의견 충돌로 동행하는 이들과 갈등이 생기는 경우가 다반사이다. 이번 여행에서도 마찬가지였다. 크루즈를 타면서부터 아내와 틀어지기 시작했다. 룸에 들어와서 서로 말을 하지 않고 나는 침대에 드러누웠다. 앞으로 10여 일이 남았는데 어떻게 해야 할지 난감했다. 저녁 식사 전에 우리는 대화를 시작했다. 사소한 것으로 서로 감정이 상해 있었다. 어렵게 시간 내어 여행을 왔는데 나쁜 추억을 남길 수 없다는 것에 공감하고, 서로에게 사과하며 다시 이전의 다정한 관계로 돌아갔다. 귀한 시간을 내어 떠난 여행이기에 멋진 추억으로 남기고 싶다는 간절한 마음으로 서로 조금씩 양보하고 조심하며 최대한 즐겁게 해 주려고 노력했다. 그 후부터 우리는 최고의 여행을 마음껏 즐겼다. 이는 모든 사람이 여행하면서 조심하고 명심해야 할 부분이다. 여행은 상대에 대한 배려에서 시작되어야 한다. 서로의 고집과 욕심에 집착하면 여행은 지옥이 되어 버린다. 그런 상황이 벌어지면 즉시 방법을 찾아 해결하여 탈출해야 한다. 그래야 여행을 온전히 즐길 수 있다.

　지금은 내가 세계여행을 혼자 다닐 수밖에 없는 상황이지만, 제일 좋은 곳을 골라서 당신과 함께 가려고 전 세계를 열심히 다니고 있다고 아내에게 말했다. 아내는 알았다고 했다. 아내가 내 말에 공감하는지, 어쩔 수 없이 수용하는지는 알 수 없다. 그러나 친구들이 이야기하듯이 아내는 천사인 것 같다. 좀 뚱뚱해서 날기 힘들 것같은 천사, 그러나 한 번 화나면 집안이 떠나갈 듯 고함을 지르는 천사, 그 천사를 옆에 두니 내가 항상 행복한가 보다.

지루할 틈 없는 크루즈

　아들과 단둘이 부산에서 출발하는 일본 서해안 크루즈여행을 한 적이 있기에 크루즈에 대해 아는 체하며 선내의 시설과 식사 그리고 경유지 여행방법 등을 설명해 주었다.
　크루즈여행을 누가 지루하다 하고, 댄스를 잘 춰야 한다고 했던가. 지루할 틈도 없고, 드레스와 연미복을 입고 댄스를 추는 곳을 본 적도 없다. 너무 바쁘게 돌아다녀서 미처 보지 못할 수도 있고, 일부러 찾아다니지 않아 그럴 수도 있다.
　크루즈여행을 잠시 소개하겠다. 크루즈선 내에는 모든 종류의 시설이 거의 다 갖추어져 있다. 실내 수영장, 야외 수영장, 피트니스 센터, 골프 연습장, 자쿠지, 도서관, 요가실 등과 같은 시설과 요리교육, 댄스교육, 요가교육 등 다양한 교육이 수시로 있으며. 매일 저녁 7시와 9시에 전체 승객을 위한 뮤지컬, 오페라, 세미나, 팝 공연, 서커스 등을 관람할 수 있다. 식사는 여러 레스토랑에서 무료로 제공하는데 아침 5시부터 새벽 1시까지 다양한 식사와 과일을 먹을 수 있다. 프랑스, 일식 등 일부 식당은 유료이다. 굳이 그럴 필요는 없지만, 특별한 음식을 별도로 예약해 먹을 수도 있다. 가족이나 지인들에게 특별한 대접을 하고 싶을 때 이용하면 좋을 것 같다.
　크루즈는 밤새 바다를 항해하여 새벽에 경유지 항구에 도착하여 하선을 기다리기에 아침 식사를 하고 경유지 관광을 즐길 수 있다. 각 층마다 피아노, 기타, 밴드 등의 공연이 있는 바가 있어서 번갈아가며 술을 마시면서 담소를 즐기거나 대형 바에서 디스코 등의 춤과 술을 함께 즐길 수도 있다. 경유지 관광은 크루즈에서 하루 전에 공지하는 신문을 통해 정보를 얻고 예약할 수 있지만, 경유지에서 기다리는 현지 여행사를 통해 관광할 수도 있

제1부 꿈의 여행, 크루즈

다. 비용은 경유지에서 이용하는 것이 20% 가량 저렴하다.

　대부분의 승객이 경우지에서 내리지만, 크루즈에 남아 수영장에서 선탠을 하거나 도서실에서 책을 보는 분들도 많다. 내가 백 살까지 세계여행 다니겠다고 공언한 것도 크루즈에서 생활하는 고령의 어르신들을 보았기 때문이다. 15박 16일 크루즈여행도 부담없는 금액으로 여행이 가능하다.

수려한 자연 경관이 일품인 알래스카

　알래스카 크루즈는 자연 경관을 둘러보기 좋은 여행으로 생각된다. 앵커리지에서 1시간 거리의 스워드에서 크루즈를 타고 허버드 빙하 지역으로 갔다. 만 안으로 깊숙이 들어가니 거대한 빙하의 끝 지점으로 크루즈가 다가갔는데 멀리 계곡에서 밀려 내려온 빙하가 굉음을 내며 바다에 무너져 내렸다. 20년 전에 캐나다 캘거리에 갔을 때 수정 같은 루이스 호수 근처에 머물면서도 근처의 빙하를 보지 못한 것이 계속 마음에 걸렸는데 이번 여행에서 마음껏 즐길 수 있었다.

다음날 스캐그웨이에 내려서 세상에서 가장 아름다운 철도를 타고 아슬아슬한 철로를 따라 캐나다까지 들어갔다가 돌아왔다. 멋진 산맥과 아름다운 호수와 계곡을 둘러본 뒤 경관이 좋은 식당에서 맛있는 식사를 즐겼다.

  다음은 아름다운 알래스카 마을인 주노에서 아내와 함께 여유롭게 산책하고, 멋진 카페에서 알래스카의 전경을 보며 커피를 마셨다. 이어서 헬리콥터를 타고 산을 몇 개 넘어 빙하 깊숙히 들어가 빙하 위에서 흘러내리는 신선한 물을 마시고, 뛰어다니고, 온갖 포즈를 취하며 거대한 자연 앞에서 연신 사진을 찍었다.

  우리는 다시 케치칸으로 가서 인근 산 정상까지 올라갔다. 케치칸은 캐나다에서 알래스카로 진입할 때 처음 만나는 도시이다. 정상에서 내려다보니 조그만 마을에 거대한 크루즈 네 척이 정박해 있었다. 친구 내외와 우리는 짚라인을 타고 산중턱을 이리저리 날아다녔다. 세계인들과 함께 거대한 나무가 우거진 숲에서 웃고 즐기면서 멋진 시간을 보냈다.

  아내와 친구 내외는 함께 시간을 보내기도 하고 또 따로 보내기도 하면서 조화롭게 여행을 즐겼다. 친구 부부와 함께하면 함께하는 대로 즐겁고, 아내와 따로 즐기니 그것도 좋았다. 멋진 레스토랑에서 아내에게 훌륭한 음식을 대접하기도 했다. 2년간 혼자 여행하는 걸 지켜보며 울화통 터질 때가 얼마나 많았을까? 아내에게 뭐든지 대접하고 싶었다.

신혼 시절 밴쿠버 여행의 추억

  다음 기항지인 밴쿠버에 도착했다. 내가 직장생활할 때는 아내가 아들딸을 데리고 유럽, 미국 등 여러 나라를 여행다녔다. 퇴사하고 난 뒤에는 나

혼자 세계여행을 다녔다. 아내와 단둘이 여행한 기억이 나지 않는다. 기억을 더듬어 보니 결혼 직후인 25년 전에 캐나다 밴쿠버의 브리티시콜롬비아대학교에서 한 달  간 연수 여행을 떠난 적이 있었다. 교육이 끝나기 일주일 전에 아내가 밴쿠버로 왔다. 밴쿠버에서 3일간 머물고 자동차를 렌트해서 미국 서해안을 여행한 적이 있었다.

브리티시콜롬비아대학 내에 누드 비치가 있는데 아내에게 이야기하지 않고 그곳으로 데리고 갔었다. 해변에서 함께 산책하는데 사람들이 모두 옷을 벗고 있었다. 그런데 벌거벗은 청년이 허리춤에 돈주머니를 차고 한손엔 아이스크림을 들고 다니면서 "아이스크림!"을 외치니 무슨 영문인지 어리둥절하며 긴장하고 있던 아내는 참지 못하고 웃음을 터트렸다.

렌트한 승용차로 롱비치의 단단한 모래 위를 전속력으로 달리다 승용차가 모래에 빠져서 주민들이 차를 빼 주었는데, 다시 전속력으로 달리다가 또 빠졌다. 주민들의 도움을 두 번이나 받았다. 궁지에 빠진 사람을 아무 조건 없이 도와주던 그분들이 얼마나 고마웠는지 모른다.

88 입사 동기이면서 캐나다로 이민 간 친구가 항구에 마중나왔다. 공무원으로 근무하는데 이틀 동안 휴가 내고 밴쿠버의 모든 것을 보여 주겠다며 촘촘한 일정을 알려 주었다.

88 입사 동기들은 우리가 올림픽 특수라고 말한다. 올핌픽이 개최되는 해라서 경기가 좋아 많은 인원을 채용했다. 오랫동안 신입 사원이 없었는데 후배 사원들을 기다린 선배 사원들은 너무 좋아했다. 우리 동기들은 인원도 많았지만, 개성이 강한 친구들이 많았다. 많은 친구들이 계열사와 통신

사업자 등으로 이동해서 대부분 중역으로 최근에 은퇴했다.

내가 그룹 신입 사원 교육, 회사 신입 사원 교육에서 학생장을 했기에 현업에 배치되고도 동기 모임을 주도하며 술자리를 자주 가졌는데, 사고를 많이 친 것 같다. 항상 사고치는 분위기는 내가 만들고, 내가 집에 가고 나서 친구들이 대형 사고를 친 경우도 있었다. 술 좋아하고, 마음씨 좋은 친구들이 경찰서 유치장에서 보낸 적도 있고, 술집 직원들과 싸우기도 했다.

술집에서 몸싸움하다가 동기 한 명이 신발까지 벗고 같이 달아나다가 팔이 이상하다고 해서 보니 팔이 빠져 덜렁덜렁거렸다. 그 친구를 데리고 여의도 성모병원에 입원시키고, 다음 날 출근해서 궁색한 변명을 해야 했다. 그 친구는 아직도 그 회사에 근무하고 있다. 지금은 있을 수 없는 일이지만, 우리 88 입사 동기들은 회사에서도 유명했다.

밴쿠버의 풍경과 잊을 수 없는 우정

친구의 차를 타고 밴쿠버 주민들이 여가 시간에 자주 가는 곳을 둘러보았다. 관광객들은 쉽게 가 볼 수 없는 밴쿠버의 깊숙한 곳에 있는 아름다운 곳이었다. 곳곳에 호수가 있고, 숲이 있고, 계곡이 있었다. 바로 옆에서 자연과 함께 살아가는 밴쿠버 주민들이 부러웠다. 스탠리파크, 빅토리아섬 등은 이미 오래전에 둘러보았기에 별 관심 없었는데, 동기가 보여 주는 색다른 곳은 우리 부부가 오래 기억할 만큼 멋진 곳이었다.

다음 날 동계올림픽이 개최되었던 휘슬러로 갔다. 가는 도중에 멋진 경관을 하나라도 더 보여 주려는 친구 덕분에 많은 곳을 볼 수 있었다. 스키장에서는 세계 최장의 케이블카로 여러 개의 산을 종횡무진 가로질러 갔다.

오후에 다시 밴쿠버로 돌아와 친구 집을 방문했다. 20여 년 만에 만난 친구의 부인은 우리를 반갑게 맞아 주었고, 다양한 요리를 준비해 놓았다. 높이 솟은 삼각형 모양의 산이 석양에 붉게 물들어 갔다. 그 산을 배경으로 정원에서 옛날 동기들과 함께 사고친 이야기, 회사 이야기, 프로젝트를 수주하며 일어난 해프닝 등 다양한 무용담을 이야기하며 웃음꽃을 피웠다. 친구들의 안부를 전하고 서울에 있는 친구들에게 전화를 걸어 연결시켜 주면서 30여 년전 모습으로 돌아갔다.

단순한 크루즈여행이 아닌, 출발지와 도착지에서 며칠간의 여행을 엮어 아내에게 선물한 이번 여행은 25년 전에 결혼하자마자 방문한 곳으로 이어진 여행이었다. 아내도 너무 좋아했다. 거기에 오랜 친구의 배려와 대접이 합쳐져 참으로 행복한 여행으로 마무리지을 수 있었다. 앞으로 이런 여행을 계속 준비하겠다고 했더니 아내는 고개를 크게 끄덕였다. 아내도 만족하고, 친구도 만날 수 있어 매우 성공적인 여행이었다.

당신과 내가 함께 하는 바로 그 길 위에서.

내 인생은 잊을 수 없는 여행이었으므로

나는 더할 나위 없이 행복하였노라!

나의 멋진 신세계 체험

남미 크루즈

배영화
성남복지관 국어 강사
전 삼천포여고 교사

코스
아르헨티나 부에노스아이레스 - 리우데자네이루 -
상파울루

    엄청난 도전이었다. 이 여행은 원래 갈 수 없는 여행이었다. 판소리 명창인 문효심 선생님 부부가 크루즈를 예약했는데, 연세 드신 두 분만 보낼 수가 없어서 같이 가기로 했다. 결심하는 것도 문제였지만, 그다음부터가 더 첩첩산중이었다. 해결해야 할 일이 파도처럼 밀려왔다. 여행 상품 특성과 크루즈 객실 구조상 2인 1실로 가야 하는데 무엇보다 파트너를 급히 찾는 게 쉽지 않았다. 일행을 찾아야 하는 다급한 상황에 툭 하고 도우미가 나타났다. 점련이 언니가 오케이한 것이다. 남미 크루즈는 이렇게 해서 갈 수 있었다.

    일단 발등의 불은 껐지만, 이번에는 여행자클럽에서 운영하는 사이트에 접속해 보니 크루즈여행 모집이 끝났다는 공고가 대문짝만하게 나왔다. 아뿔싸! 천상 기동성과 순발력을 발휘해 직접 크루즈여행 사이트에 들어가 똑같은 크루즈를 예약했다. 이렇게 해서 룸메이트를 구하는 일과 예약 절차가 끝났다. 하지만 이것으로 끝이 아니었다. 남미 크루즈를 간다니 주변 사람들부터 난리였다.

내가 세계여행을 하는 까닭은 어떤 점에선 나의 내면을 여행하고자 하는 것 아닐까? 세계는 나의 바깥에도 있고, 나의 내면에도 있다. 나는 그 두 개의 세계를 동시에 열정적으로 오가며 살아왔다.

"남미가 얼마나 위험한 지역인데 거길 가는 거야? 더구나 연세 드신 분들을 모시고 간다고? 게다가 브라질은 치안 문제가 있어 엄청 무섭다고!"

잔뜩 겁을 주었다. 길 떠나는 이를 붙잡고 하는 모든 말이 온통 겁주는 게 다반사 아닌가. 더구나 같은 곳에 갔다 온 이들이 하는 말도 아니고 보면. 그래서 더 용기 내기로 했다.

드디어 출발일이 다가왔다. 70대 부부 한 팀, 60대 점련이 언니, 그리고 50대 후반인 나, 이렇게 우리 네 사람은 나를 리더로 하여 저 먼 대륙 반대편을 향해 돛을 올렸다. 당연히 책임감과 엄청난 부담감이 느껴졌다. 더구나 영어를 할 줄 아는 사람이 한 명도 없어 만리타국에서 어떻게 이 무모해 보이는 여행을 꾸려갈지 걱정부터 앞섰다. 그런데 처음 출발할 때의 두려움은 어느 순간 안개처럼 가시더니 남미 대륙에 도착하자 일시에 사라졌다. 놀라운 일이다. 왜 머릿속에 일던 온갖 망상이 땅을 딛는 순간 사라진 것일까? 그건 필시 이미 목적지에 도착한지라 부딪쳐 보자는 심사가 생긴 까닭

크루즈 선상에서 맞이하는 일출과 일몰만큼 장엄한 광경이 또 있을까? 저 멋진 풍경은 나의 피를 타고 흐르며 행복감이 넘치게 했다. 이 순간 사랑하는 이들과 함께한다면 더할 나 위 없이 좋으리라.

이기도 했고, 그간 머릿속을 어지럽히던 온갖 관념을 몸으로 겪는 행동이 밀어냈기 때문일 것이다. 두려움이 있던 바로 그 자리에 새싹처럼 자신감이 움텄다. 이거야말로 여행이 주는 놀랍고도 신비로운 레슨 아닌가?

막상 부딪쳐 보니 모든 게 술술 풀렸다. 영어는 잘하지 못하지만, 현지에서는 호스트가 기다리고 있었고(내가 소속된 세계여행자클럽에선 호스트를 보내는 서비스를 제공했다), 전에도 크루즈를 몇 번 타 봤기 때문에 크루즈에 대해서는 익숙하다는 일말의 자신감이 든든한 뒷배로 작용했기 때문이었다. 경험은 큰 밑천 아니던가.

우리 일행은 아르헨티나 부에노스아이레스공항에 몸과 함께 짐을 부렸다. 곧장 배를 타기 위해 항구로 이동하여 승선 과정을 마치고, 배정받은 캐빈선실에 들어갔다. 순간, 너무도 환상적인 풍경이 내 앞에 나타났다! 널찍한 발코니하며, 캐빈이 주는 엄청난 뷰가 아름다움의 극치를 이뤘다. 다른 크루즈에 비해 방도 넓고, 화장실도 커서 좋았다. 함께 간 점련이 언니랑 같이 비디오 촬영부터 시작했다. 이렇게 나의 여정은 시작되었다.

제1부 꿈의 여행, 크루즈

여행의 묘미 중 하나는 책을 가까이하는 것이다. 책 속에 놓인 길을, 나는 이 길 위에서 발견한다. 여행 가방에 집어 넣어둔 책을 짬짬이 읽는 맛은 정서적 행복감을 한껏 더해 준다.

 언어 장벽에, 노인 부부가 함께하는 여행에 적잖은 시련이 있을 것을 예상했으나, 정작 4명이 똘똘 뭉쳐 다가오는 모든 일을 헤쳐나가는 게 오히려 재미로 다가왔다. 우리는 곧장 나이도 잊고 수학여행 온 학생들처럼 천진무구하게 들떠서 즐겁게 함성을 질렀다. 나의 휴대폰 카메라는 두 걸음 못 가 찰칵, 눌러졌고, 히히 하하 호호 웃음은 떠날 줄 몰랐다.
 여행은 같이 가는 사람에 따라 완전히 다른 체험을 가져온다. 함께하는 이들이 서로 배려하고, 각자 역할을 해내고, 이해하고 넘어가는 과정을 통해 서로 성장하며 재미를 만들어 가는 것이다. 그리하여 우리는 여행을 갔다 오면 더욱 성숙한 자아로 자신과 타인을 바라보며, 나를 성장시킨 그 시간과 길과 관계에 대해 깊은 관조에 빠져드는 것이다. 영혼이 자라는 소리를 여행을 통해 느낀다. 얼굴 가득 미소 짓는 파안대소의 행복감을 나는 길 위에서 온몸으로 받아들였고, 폐부를 통해 이 지구의 바람과 공기와 태양

을 들이마시고, 유한한 한 인간으로서 무한한 행복감에 젖어 들었다. 온갖 번거로움에도 불구하고 사람들이 길을 떠나는 것도, 내가 여행을 통해 찾고자 하는 것도 바로 이런 것 때문이리라. 나는 아름다운 관계 속에 있으며, 이 행성의 한 구성원으로서, 아름답고 숭고하기까지 한 경험 속에 놓여 있다. 여행은 이 같은 깨달음을 선사한다. 이것이 내가 크레타섬에 갔을 때 보고 느꼈던 《그리스인 조르바》와 같은 자유인으로 사는 삶일 거라고 나는 생각한다. 그러니 나를 묶는 건, 실은 나를 풀어놓는 자유밖에는 없다.

남미는 시선을 어디에 두건 볼거리가 풍부한 대륙이라는 데 이의를 달 사람은 없을 것이다. 리우데자네이루에서 이틀을 정박하는데 때마침 그 기간에 '리우 카니발 축제'가 벌어졌다. 당연히 우리는 항구에 정박한 크루즈에서 뛰쳐나와 축제가 벌어지는 길거리로 향했다. 폭죽이 터지고, 그야말로 춤이 난무亂舞했다. 세계풍물기행에 빠지지 않는 휘황찬란한 시내 행진도 볼 수 있었다. 정말 볼거리가 많았고, 그 장관은 이루 말할 수 없었다. 물론, 관광객으로서 어느 정도 조심할 필요는 있었다. 어디건 축제를 틈타 관

이 멋진 풍광 속에서라면 천국을 따로 찾을 일 없을 것이다. 여행은 내게 인생의 진면목을 보라고 아우성친다. 여행 속에서 나는 나로서 완성됨을 보았다.

광객을 노리는 자들도 있는 법이니까. 호스트를 따라 구경하며 가는데 갑자기 웃통 벗은 남자가 뛰어오더니 더는 가면 큰일 난다고 소리쳤다. 우리는 그쯤에서 호기심보다는 안전을 택하고 돌아섰다. 이미 충분히 남미의 진수를 맛보았으니까.

여행이 특별한 선물로 다가오는 건 예기치 않은 일이 반드시 벌어지기 때문이다. 어떤 여행이건 아무리 준비를 잘해도 늘 변수라는 놈이 나타나 길의 방향을 틀어 버린다. 당시엔 골치 아픈 문제로 부쳐졌던 일조차 돌이켜보면 크고 작은 변수에 의해 조금씩 변화를 겪게 된 멋진 계기였음을 알게 된다. 결과적으로 이런 일들이 여행을 더욱 다채롭게 했다는 것을 알게 한다. 결국 우리는 머릿속에 신선한 기억을 안고 돌아오는 것으로 여행은 보상받는 것이며, 안전하게 귀가하는 것으로 모든 여행은 완성되는 것 아닌가. 그래서 여행자라면 변수 앞에서도 씩, 미소 짓게 된다.

마지막 날 여행을 마치고 상파울루를 거쳐 한국으로 돌아오는 비행기를 타는 게 애초 계획된 우리 여정이었다. 그런데 신이 다른 계획으로 시곗바늘을 움켜쥐고 놓지 않은 탓에 그만 비행기를 놓쳐 버리고 말았다. 도착해

여행의 극치는 다양한 식재료를 접하는 것이다. 풍성한 과일 향에 끌려 싱싱한 과일을 한가득 샀다. 입안에 퍼지는 이국의 향기가 식욕을 북돋웠다.

나를 위한 최고의 선물 크루즈여행

야 할 비행기가 연착하는 바람에 지금쯤이면 탑승해 단잠에 빠져들었어야 할 그 비행기는 이미 태평양 상공을 날고 있는 중이었다. 항공사 측에서는 부랴부랴 다른 비행기를 알선해 주었다. 그런데 그 항로가 프랑스를 경유하는 것이었다. 난데없이 프랑스 상공을 날게 된 것이다.

사실 그 비행기는 별로 타고 싶지 않았다. 그렇지만 영어도, 스페인어도 안되니 우리가 원하는 바를 항공사 측에 쉽게 전달할 수가 없었다. 소통이 안 돼 답답하기 이를 데 없는 순간, 번쩍 떠오른 아이디어!

'영사관에 전화해 도움을 청하자!'

즉각 네이버에서 영사관 전화번호를 찾아 스페인어를 할 줄 아는 사람을 요청했다. 그래서 시작된 삼자 통화. 항공사 직원의 말을 영사관 직원이 통역해 주어 상황을 이해하고, 프랑스 경유 항로 말고 원래 우리가 예약했던 독일을 경유하는 다음 날 비행기 편으로 다시 예약할 수 있었다. 영사관 직원의 도움으로 비행기 예약을 무사히 끝내고, 하루 묵을 1박 호텔 숙박권과 저녁 식사권까지 받을 수 있었다. 여기서부터는 VIP 대접이었다. 항공사 측 실수로 비행기를 놓친 터라 아주 친절하게 대접해 주었다. 덕분에 상파울루에서의 하루는 마치 신이 내린 선물처럼 주어졌다. 잠시 숨을 돌리자 상파울루에 사는 친구 아들이 생각났다. 전화했더니 친구 아들은 대뜸 공항까지 나와 주었다. 애초에 상파울루에 도착하면 문효심 선생님 부부는 김치찌개가 먹고 싶다고 했는데 하루를 버는 바람에 한식을 먹을 수 있게 된 것이다. 친구 아들이 소개해 준 김치찌개 집을 찾아가는데 택시비만 10만 원. 이국에서의 김치찌개는 환상적으로 맛있었고, 이 모든 과정이 또 다른 스릴과 행복감으로 다가왔다.

변수는 늘 생기지만, 그 변수가 새로운 도전과 즐거움을 안겨 주는 게 여행의 묘미인 것 같다. 그러니 현지에서 문제가 생기면 우선 즐거운 마음부

남미 여행에서 맛보는 김치찌개는 입맛을 다 후련하고 개운하게 해 주었다. 이국적인 경험이 강하게 익숙한 것을 부를 때면, 이제 돌아갈 때이다.

터 갖도록 마음 다짐하시길. 이런 변수는 여행이 주는 고명과도 같은 것일지니. 알고 보면 인생도 이와 같지 않은가. 문제 속에서 새로운 해법을 찾으며 끊임없이 가는 것. 그래서 옛 어른들은 인생을 여행에 비유한 것일 터다.

  인생에서 우리가 접하는 문제는 문제가 아니다. 문제는 해답을 위한 한 과정이자, 열쇠다. 비행기를 놓쳐 힘들고 당황했지만, 결국 새로운 체험이 우리를 이끌었고, 그 자리에는 새로운 행복감이 쌓였다. 이런 일들을 겪으면서 여행은 더욱 환상적으로 마무리되는 단계에 진입하고 있었다. 이렇듯 놀랍고도 신기한 경험 세계에 우리는 놓여 있다. 이 점에서 나는 나를 발견하는 멋진 초대에 늘 응했던 것이다.
  나를 아는 많은 친구들은 나를 타고난 여행가라고 생각할는지 모른다. 그 말은 통산 51번의 세계여행을 다녀온 나의 경험에 비춰 볼 때 크게 다른 평가라고 생각하지는 않는다. 그러나 내가 말하고 싶은 바는, 나는 두 세계를 오가며 더 많은 사람을 보았고, 경험을 쌓았으며, 그로 인해 내 인생은 남보다 훨씬 더 길고, 중첩된 면이 있을 거라는 점이다. 나의 세계는 저 먼 세계를 내 것으로 받아들였고, 불타는 노을을 품에 안았으며, 신의 가슴으로 어린아이를 대하듯 이 세계를 창조하며 끌어안을 수 있었다. 길 위에 선 나의 입가에는 한시도 미소가 지워진 적 없었으며, 나는 지구상의 그 누구와도 쉽게 친구가 될 수 있었다. 낯선 이를 대할 때조차 두려움보다는 친근함으로 대하고 선뜻 다가갈 수 있었다. 나는 인생이란 길 위에서 만난 많은 벗의 여행 친구였으며, 동시에 나 자신의 여행 친구이기도 했다. 자신을 탐험하는 진정한 내적 여행을 나는 해 온 셈이다. 그로 인해 여행이란 친구를 늘 곁에 두었던 나는 행복할 수 있었다.

지금 나는 돌아본다. 남미의 그 정열적인 태양 아래에서 과라나 한 잔으로 더위를 식힐 때, 에게해의 요트 위에서 불어오는 북아프리카의 바람에 벗들과 함께 환호하며 머리를 날릴 때, 저 러시아의 겨울 궁전 앞에서 황제의 꿈을 떠올릴 때, 동남아의 진미 속에서 무뎌진 미각을 각성시키는 즐거움을 맛볼 때, 일본 내해가 바라다 보이는 옥상 온천에 풍덩 몸을 내맡기며

여행을 통해 우리는 누구도 나의 일부로 받아들인다. 여행이 주는 확장된 의식은 그만큼 삶을 성장시킨다. 이 점에서 여행은 인생에서 반드시 만나야 할 스승인 셈이다.

제1부 꿈의 여행, 크루즈

밤하늘을 올려다볼 때, 아프리카 사파리여행에서 야생 세계의 아름다움에 한껏 취해 황홀경에 빠져들 때, 아틀라스산맥을 넘어 해 질 녘 모로코의 사막을 경건한 마음으로 바라볼 때, 그리고 저 흙먼지 이는 인도와 아프리카에서 너무도 어리고 가여운 고아들을 품에 안으며 봉사 여행을 할 때, 나는 너무도 행복했으며, 그 자체로 멋진 생의 여행을 하였던 것이다.

세계와 연결된 꿈과 희망으로 나는 이 여행을 시작하고 마무리짓고자 한다. 하여 이제 사랑하는 이들과 함께할 더 멋진 여행을 위해 다시 출발점에 선다. 더 먼 세계로 길 떠나며 우리가 다시 만날 날을 기약하고 싶다, 당신과 내가 함께 하는 바로 그 길 위에서. 내 인생은 잊을 수 없는 여행이었으므로 나는 더할 나위 없이 행복하였노라!

가깝지만 먼 땅인 쿠바. 사진으로만 보던 쿠바,
영화 '대부'에서 잠시 보았던 그 쿠바를 드디어 간다.

크루즈로 떠난 쿠바 여행

서대진
OHMYCRUISE LLC 크루즈 전문여행사 대표

코스
마이애미 - 하바나, 쿠바 - 바하마의 섬 그레잇 스티럽 케이 - 마이애미

2018년. 쿠바 여행이 한창이다. 트럼프 대통령이 쿠바와 관계 회복을 시작하면서 쿠바 여행이 더 편해지고, 덩달아 쿠바를 가는 크루즈도 점점 늘어나고 있다. 그래도 미국에서 쿠바로 가는 직항편이 많지 않아 카나다로 가서 쿠바행 비행기를 타야 하는데, 크루즈로 가면 좀 더 편하게 갈 수 있기 때문에 쿠바 크루즈를 관심 있게 지켜보고 있는 중이었다. 마침 고등학생인 딸아이가 3~4일 정도 짧은 방학 기간에 어딘가 가고 싶어했다.

'그래 이번 기회에 쿠바를 가 보자.'

생각해 보면 그때 가길 잘했다. 그다음 해에 트럼프 대통령의 변덕으로 하루아침에 쿠바 여행길이 막히고, 그 이후 지금까지 쿠바 크루즈는 재개되지 못하고 있다.

2018년 11월 5일부터 11월 9일까지 4박 5일의 쿠바 크루즈는 노르웨지안 크루즈사의 스카이호 Norwegian Sky로 다녀왔다. 부산에서 날씨가 좋으면 대마도가 보이는 것처럼 플로리다의 키 웨스트에서 날씨가 좋으면 보인다는

제1부 꿈의 여행, 크루즈

쿠바. 가깝지만 먼 땅인 쿠바. 사진으로만 보던 쿠바, 영화 '대부'에서 잠시 보았던 그 쿠바를 드디어 간다.

  쿠바는 가 본 사람보다 못 가 본 사람이 더 많은 곳이라 대부분의 사람들이 그렇듯, 내게도 몇 개의 큰 이미지로만 다가온다. 체 게바라, 카스트로, 라울, 야구, 전 국민 무상 의료, 경제 제재, 그리고 가난.

  노르웨지안 스카이호는 노르웨지안 크루즈 선사가 플로리다주의 마이애미에서 출발하여 주로 3~4박 정도 짧은 일정의 바하마 크루즈를 운항하던 크루선인데, 쿠바 여행 붐에 맞춰 쿠바로 가는 크루즈로 변신했다. 원래 3~4박 일정의 바하마 크루즈로 파티 보트 분위기의 크루즈 상품이라 요금에 주류가 기본적으로 포함되어 있는데, 쿠바 크루즈로 바뀌면서도 그 방침은 유지되었다. 덕분에 다양한 칵테일 등 술도 실컷 마셨다.

  월요일 오후에 마이애미를 출발, 화요일 아침에 쿠바의 하바나 항구에 도착하여 하룻밤을 지낸 후, 수요일 저녁에 쿠바를 떠나 목요일 하루는 노르웨지안 크루즈사가 소유하고 있는 바하마의 섬 그레잇 스티럽 케이GREAT STIRRUP CAY에 하루 정박해서 휴식하고, 그 다음 금요일 아침에 마이애미로 돌아와서 하선하는 일정이다.

출발부터 다른 크루즈와는 약간 달라서 쿠바 비자를 받기 위한 준비가 필요했다. 예약할 때 일 인당 75달러의 쿠바 비자 수수료를 같이 내고, 온라인으로 승객 등록을 하고, 추가로 쿠바 비자 신청서를 작성해야 했다. 아리송한 문구가 몇 개 있어 온라인에서 정보를 검색하고 겨우 비자 신청서 작성을 끝냈다. 그리 까다롭지는 않은데 경험이 없었던 터라 약간은 애매한 부분이 있었다. 나중에 보니 이 서류 작성은 그리 중요한 게 아니었는데, 아무래도 공산국가에 입국한다는 것이 심리적으로 약간은 긴장되었나 보다. 여담이지만, 지난 2016~2020년 4년 동안 내가 다녀온 나라는 총 25개국이었는데, 가장 안전한 나라라고 느낀 곳은 한국, 일본, 쿠바, 베트남이었다.

크루즈를 타기 위해 항상 하루 전에 승선지에 도착하는데, 이번에는 이틀 전 토요일에 마이애미로 갔다. 여행할 때 가장 중요하게 생각하는 것은 하나밖에 없는 딸이 넓고 넓은 세상을 한 군데라도 더 많이 가 보기를 바라는 마음이다. 이번에는 마이애미 비치로 가서 호텔에 투숙한 후 바닷가도 보고, 맛집도 가서 맛있는 음식도 먹으며 이틀을 보내고, 월요일 오전 마이애미 항구로 떠날 계획이었다.

특별한 식당에서의 멋진 만찬, 첫째 날

코로나가 세상을 뒤덮기 전이라 코로나 검사나 백신카드 소지 여부 등과 관계없이 어렵지 않게 승선했다.

노르웨지안 스카이호는 노르웨지안 크루즈라인이 소유한 배 중에서 가장 작은 배다. 1999년도에 건조된 77,000톤급으로 승객 정원은 2000명 정도 되는, 요즘 기준으로는 중소형 크루즈선이다. 노르웨지안 스카이호는 2004년부터 2008년도까지는 하와이에서 하와이 크루즈를 운항했지만, 하와이 크루즈에 너무 많은 배를 투입한 노르웨지안이 다시 플로리다로 가져와서 바하마 크루즈를 운항하다 쿠바 크루즈로 변경했다. 2019년도에 리노베이션을 했기 때문에 내가 탔을 때는 낡은 부분이 많이 보였다.

승선한 날은 점심 먹고 비상 안전 훈련(Muster Drill)에 참석하고, 저녁 먹고 하루가 끝나는데, 첫날 저녁에 스페셜티 식당인 캐그니스 스테이크 하우스 CAGNEY'S Steak House를 예약했다. 보통 첫날은 스테이크 하우스 같은 스페셜티 식당을 예약하는 분들이 그리 많지 않은 편이다. 식사 시간 조정이나 테이블 위치 조정 등을 요청하는 승객들이 많기 때문에 첫날 저녁에 다이닝룸이 약간 혼잡할 경우가 많다. 그래서 가끔은 첫날 저녁을 스페셜티 식당에서 할 때도 있다.

노르웨지안 크루즈를 타면 꼭 이용하는 캐그니CAGNEY 르 비스트로Le Bistro 프렌치 식당을 예약했고, 이탈리안 식당 일 아다지오Il Adagio까지 총 세 군데를 예약했는데, 3회 다이닝 패키지를 구입해서 약간 절약할 수 있었다. 캐그니 스테이크 하우스는 크루즈 요금에 포함된 다이닝룸의 정찬보다는 좀 더 좋은 저녁 식사를 할 수 있다.

이번에는 4박 일정에 세 번은 스페셜티 식당을, 한 번은 다이닝룸을 이용했다. 크루즈를 타

면 뷔페식당보다는 다이닝룸에서 아침, 점심, 저녁 식사하는 걸 더 선호한다. 뷔페식당은 원하는 음식을 고르기는 쉽지만 자리를 찾으러 다니고, 필요한 걸 또 가지러 가는 것이 불편하기 때문이다. 식사하고 술도 마시며 크루즈 첫날은 빠르게 저물어 갔다.

올드 하바나를 즐긴 둘째 날

다음 날 노르웨지안 스카이호는 아침 8시가 조금 안되어 쿠바의 하바나에 입항했다. 아침 식사를 하고 드디어 쿠바 시내 관광을 하러 나갔다. 처음에는 크루즈 선사를 통해서만 쿠바 관광이 가능하다는 이야기가 많이 돌았는데, 나중에 정보를 찾아보니 꼭 그렇지도 않다고 하여 선사를 통하지 않고 따로 예약했다. 이번 크루즈는 이틀간 쿠바에 머무르는 하바나 오버나이트Havana overnight 일정이라서 두 가지 옵션 관광을 예약했다.

첫날은 하바나클래식투어Havana Classic Tour라는 현지 업체에 세 시간 올드 하바나 워킹투어+세 시간 클래식 컨버터블 자동차 투어였다. 단체로 하는 관광이 아닌 우리 가족 세 명만 하는 개인 투어인데, 총 여섯 시간짜리 투어가 일인당 70달러이다. 쿠라바서 그런지 가격이 아주 좋은 편이었다.

아침에 항구 앞에 있는 호텔 팔라시오 마르케스 데 산 펠리페Hotel Palacio Marques de San Felipe 앞에서 오전 10시에 가이드를 만났다. 영어가 상당히 유창한 쿠바 가이드가 세 시간 동안 쿠바 여기저기를 보여 주었다.

걸어서 다닐 수 있는 대부분의 지역을 돌아다니면서 아직 60년대에 머물러 있는 듯한 올드 하바나를 둘러보았다. 헤밍웨이가 묵었다는 암보스 문도 AMBOS MUNDOS 호텔 로비에서 사진도 찍고, 헤밍웨이가 연속해서 다이키리 열세 잔을 마셨다는 엘 플로리디타El Floridita 바까지 둘러보았다. 플로리디타 바에는 관광객들이 너무 많아서 다이키리를 마시지는 않았다. 대신 크루즈에서 공짜 다이키리를 많이 마셨다.

몇 년 전에 키웨스트에 있는 헤밍웨이 집까지 가 봤으니 헤밍웨이의 발자취를 많이 둘러본 것 같다. 소설 《노인과 바다》의 배경인 코히마르는 다음 기회에 가기로 했지만, 언제 갈 수 있을지 기약이 없다.

하바나 시내는 아직 낡고 허물어진 건물들이 즐비했다. 오랜 경제 제재로 인해 건축 자재가 부족한지 제대로 보수하지 않은 건물들이 많이 눈에 띄었다. 그렇지만 새로 시작된 쿠바 관광 재개로 인해 도시는 활기가 느껴졌다. 새로 단장한 카페나 가게들도 꽤 눈에 띄고, 보수 공사와 실내 단장을 하는 점포나 집들이 상당히 많았다. '이대로 몇 년만 더 관광 수입이 생기면 살만하지 않을까.' 하는 생각도 들었지만, 트럼프의 변덕으로 이 모든 게 다 사라져 버렸다.

나중에 업계 관계자로부터 들은 이야기인데, 트럼프 정부가 만약 쿠바

제1부 꿈의 여행, 크루즈

관광을 다시 금지하더라도 어느 정도 유예 기간을 두고 할 거라고 크루즈 업계에 누차 이야기했는데, 약속과 달리 하루아침에 금지해 버려서 크루즈 업계도 꽤 많은 피해를 입었다고 한다. 하지만 무엇보다 가장 큰 피해자는 쿠바 사람들일 것이다.

 쿠바 하면 시가와 럼이 떠오르는데, 하바나 시내 관광이 끝날 때쯤 국영 시가 판매점으로 가서 쿠바산 시가를 선물용으로 몇 개 구입했다. 가격도 다양하고, 시가의 종류도 많은데 가이드 말로는 국영 상점에서만 정품 쿠바산 시가를 살 수 있다고 한다. 국영 상점이 아닌 사설 상점은 쿠바산이 아닌 것을 속여 팔기도 한다고 한다. 내가 구입한 시가는 한 개 7달러 정도 하는 코히바COHIBA라는 시가인데, 시가를 즐기는 분들께 쿠바산이라고 선물하니 아주 좋아했다. 주류를 구입하면 승선할 때 보관해야 하고, 나중에 하선 때 다시 찾으러 가야 하는 번거로움 때문에 럼은 구입하지 않았다.

 세 시간 동안 워킹투어를 정성껏 해 준 가이드에게 나름 후한 팁을 주었다. 가이드는 우리 가족을 클래식 카로 관광시켜 줄 기사에게 연결해 주고 떠났다.

클래식 카 투어

 이제 쿠바 관광에서 빠질 수 없는 클래식 카 투어를 시작했다. 우리가 탄

차는 빨간색 컨버터블이다. 쿠바 하면 떠오르는 60년대 클래식 카들이 시내 곳곳에서 많은 관광객을 태우고 다니는데, 하바나의 뜨거운 태양 아래에서 보았던 이 자동차들의 색상은 아직도 기억에 선명하다. 60대 이상 미국인들의 쿠바 클래식 카에 대한 그리움과 향수는, 어릴 때 꿈이었던 드림카였던 이 자동차들을 더 이상 미국에서는 보기 어려운데, 쿠바에서는 볼 수 있기 때문이 아닌가 추측해 본다.

쿠바에서 자동차로 둘러보는 투어는 워킹투어에 비하면 그렇게 기억에 많이 남지 않는다. 클래식 카를 타는 자체가 관광이라고 볼 수 있는데, 기사가 데려다 준 곳의 건물 벽에 그려진 체 게바라는 아주 인상적이었다. 클래식 카 기사는 우리를 호텔 나시오날에 내려주고 떠나고, 우리 가족은 호텔 나시오날의 야외 테이블에 자리 잡고 잠깐 쉬었다.

호텔 나시오날은 꼭 한 번 가보고 싶었다. 그곳에 앉아서 칵테일을 마시

제1부 꿈의 여행, 크루즈

며 석양을 바라보는 모습을 늘 상상하곤 했다. 시간이 일러서 석양을 제대로 보진 못했지만, 1시간 가까이 칵테일을 즐기면서 바라보는 바다 풍경은 다른 캐리비안의 기항지들과는 사뭇 다른 정취를 느끼게 해 주었다.

  어느덧 저녁이 되어 배로 돌아가 저녁 식사를 하고, 다시 하선해서 밤의 하바나를 잠깐 돌아보았다. 크루즈는 보통 아침에 입항해서 저녁에 배가 떠나므로 관광 시간이 짧은 점이 가장 아쉬운데, 기항지에서 정박하니까 저녁에도 관광할 수 있어서 좋았다. 베니스, 이스탄불, 상트페테르부르크, 레이캬비크 같은 기항지에는 정박하는 경우가 많다.

  하바나는 저녁에 나와도 전혀 위험하지 않아 평화로웠다. 항상 긴장하며 다녀야 하는 유럽의 대도시들과는 사뭇 달랐다. 하바나의 밤거리를 좀 걷다 배로 돌아와서 쿠바 크루즈의 둘째 날을 마무리했다.

무료 로컬투어를 즐긴 셋째 날

쿠바에서의 둘째 날은 무료 로컬투어를 신청했다. 유럽에 가면 현지인들이 로컬 가이드로 봉사하는 프로그램이 있는데, 하바나에는 스트로베리 투어 하바나 Strawberry Tour Havana라는 곳에서 비슷한 프로그램을 운영한다.

투어의 정식 명칭은 무료 하바나 음식투어 Free Havana Food Tour 인데 그 외에도 무료 하바나 자전거투어 Free Havana Bike Tour 같은 몇 가지 프로그램이 있다. 모두 무료이고, 가이드에게 성의껏 팁만 주면 된다.

오전 9시 반에 엘 플로리디타 바 앞에서 가이드를 만났다. 대학생 같아 보이는 2명의 젊은 남녀 가이드가 나와서 총 10명 정도의 인원을 로컬 식당, 길거리 음식, 바 등으로 안내하여 쿠바 음식과 카페 등을 경험할 수 있게 도와주었다. 원하는 음식을 각자 사 먹으면서 다니는 투어였다.

가장 저렴하게 투어할 수 있는 방법은 이런 무료 투어를 신청하는 건데, 어린 자녀나 노약자만 없으면 가격면에서 상당히 매력적이다. 유럽에서는 마르세이유와 바르셀로나에서 해본 적이 있는데 나름 만족해서 여기 하바나에서도 신청했다. 물론 투어를 마친 후 대부분 가이드에게 적당한 팁으로 감사 표시를 했다.

지금도 하바나에서는 3시간짜리 무료 쿠바 혁명 투어 Free Cuban Revolution Tour 및 무료 하바나 역사 센터 투어 Free Historical Center Tour of Havana 두 가지 프로그램을 운영하고 있다. 스트로베리 투어 Strawberry Tour 는 런던, 산티아고, 리마, 바르셀로나, 부에노스아이레스 등에서 이런 로컬투어를 진행하고 있다고 한다.

사실 로컬 식당과 바 등은 한정된 투어 시간 내에 어디를 들어가서 어떤

걸 먹어 봐야 할지 애매한 경우가 많은데, 이 푸드 투어는 현지인에게 안내받으며 다니니 나름 편하고 좋았다. 다만, 팁만 받고 봉사하는 가이드인지라 경험이 많지는 않기 때문에 전문적인 안내를 기대하지는 않는 게 좋다.

투어를 마치고 다시 배로 돌아갔다. 크루즈선은 오후 5시에 하바나를 떠나서 오후 4시까지는 승선해야 한다. 배로 돌아가 쉬면서, 이틀 동안의 짧지만 나름대로 알찼던 쿠바 관광을 마무리했다.

내가 하는 일이 여행업, 그중에서도 크루즈를 전문으로 하고 있어서, 어떤 크루즈 라인을 좋아하는지, 또 어떤 크루즈가 좋았는지에 대한 질문을 많이 받는다. 그럴 때마다 추억을 떠올려 보면, 가장 좋았던 크루즈는 쿠바 크루즈와 베트남 메콩강 리버 크루즈였다. 쿠바와 베트남은 한국이나 일본 못지않게 안전한 여행지이자, 도시의 옛 정취가 그대로 살아 있는 몇 안 되는 여행지라는 생각이 든다.

문득 아바나의 엘 카피톨리오 El Capitolio 빌딩 앞에서 만나 잠시 대화를 나눈 쿠바 사람이 내가 한국에서 왔다고 하자, 지구상에 남은 마지막 공산 국가는 쿠바와 북한뿐이라고 했던 말이 떠오른다. 쿠바 사람들은 북한에 대한 동지 의식을 갖고 있는 것은 아닌지 궁금했다.

오늘 저녁은 르 비스트로 프렌치 식당을 예약했다. 르 비스트로에서는 달팽이 요리와 부야베스, 꼬꼬뱅 등 다양한 프랑스 요리를 맛볼 수 있다. 크루즈를 타면 요금에 포함된 정찬과 뷔페 등이 있는데 굳이 추가 요금을 내고 스페셜티 식당을 이용해야 할까 하고 생각할 수도 있는데, 평소에 잘 가지 않는 프랑스 식당 같은 곳은 그리 큰 금액을 내지 않고도 이용할 수 있어 좋은 경험이 아닐까 생각한다.

배는 하바나를 떠났다. 아직 주머니에는 환전하고 다 쓰지 못한 쿠바 지폐가 몇 장 남아 있었다. '다음에 다시 와서 쓰면 되지.'라고 생각하며 떠난 후, 쿠바 지폐는 기념품이 되고 말았다. 배는 쿠바를 뒤로하고 다시 바하마로 떠났다.

바하마의 휴양지에서 보낸 넷째 날

오늘은 하선 전날 마지막 크루즈를 즐기는 날이다. 역시 4박 크루즈는 짧다. 승선하는 날과 하선하는 날을 빼면 사실 3일 정도밖에 안되니까 더욱 짧게 느껴진다.

크루즈는 오전 11시에 마지막 기항지인 바하마에 있는 그레잇 스티럽 케

이 Great Stirrup Cay에 도착했다. 그레잇 스티럽 케이는 노르웨지안 크루즈사가 바하마에 소유한 자사 크루즈 승객들만을 위한 휴양지인 섬이다. 하루 정도 바닷가에서 물놀이하기 좋게 잘 꾸며 놓았다.

이 섬에서도 간단한 점심 식사를 할 수 있어서 배로 다시 돌아갈 필요없이 즐기면서 쉴 수 있는데, 11월의 바하마는 낮에 섭씨 28도를 넘는다.

각 크루즈사마다 바하마에 크루즈 승객들을 위해 섬을 하나씩 소유하고 있는데, 이 그레잇 스티럽 케이는 벨리제에 새로 만든 하베스트 케이 Harvest Caye 두 군데를 운영하고 있다. 참고로 카니발사는 홀랜드 아메리카의 Half Moon Cay, Princess Cruise의 Princess Cay, 로얄캐리비안은 Coco Cay와 Labadee(섬은 아니고 아이티에 있는 휴양지)를 운영하고 있고, MSC 크루즈의 오션 케이 Ocean Cay, 디즈니 크루즈의 Castaway Cay 그리고 Virgin Voyage 크루즈의 Beach Club at Bimini가 있다.

그레잇 스티럽 케이는 노르웨지안의 대형선이 정박해서 4천 명이 넘는 승객이 내려도 혼잡 하지 않을 정도의 넓이와 해변이 잘 갖추어져 있다.

그레잇 스티럽 케이는 가까운 해변에서도 스노클링으로 많은 물고기를 볼 수 있어서 자녀들과 같이 즐기기에 아주 좋은 곳이다. 스노클링 장비나 다른 물놀이 장비도 저렴하게 대여할 수 있다. 그 외에도 제트스키나 파라

세일링 같은 옵션 관광도 즐길 수 있고, 그냥 편하게 누워만 있어도 좋은 곳이다.

배는 오후 6시에 떠나기 때문에 4~5시 정도가 되면 사람들은 하나둘씩 배로 돌아갔다. 저녁 식사를 마치고, 크루즈의 마지막 밤을 즐기고 나면 내일 아침 일찍 하선해야 한다. 크루즈의 가장 흥분되는 순간이 승선할 때라면, 가장 우울할 때가 마지막 저녁에 가방을 다시 싸는 때인 것 같다. 배는 오전 7시에 마이애미 항구로 돌아왔다. 분주히 아침 식사를 하고, 하선하면 대략 8시, 마이애미 국제공항으로 가서 집으로 돌아갔다.

멀리 있어도 항상 갈 수 있는 지역보다 가까이 있지만 쉽게 다시 가기 어려운 곳이라 그런지 쿠바 크루즈는 그동안 경험한 많은 크루즈여행 중에서도 아주 특별했다. 언제가 쿠바 여행이 재개되면 다시 한번 꼭 가 보고 싶은 곳으로 남아 있다. 다시 가고 싶은 곳이 그리 많지 않은 건 아직도 가 봐야 할 곳이 많아서인가 보다.

제1부 꿈의 여행, 크루즈

한·러·일 크루즈 선상 강연을 하면서

문영숙
아동문학가
(사)독립운동가최재형기념사업회 이사장

코스
부산 - 러시아 블라디보스토크 - 일본 북해도 무로란 - 하코다테 - 부산

   2016년부터 2019년 코로나 19 직전까지 한·러·일 크루즈에서 선상 강연을 했다. 강연 제목은 '러시아 연해주 항일 독립운동가 최재형'이었다. 우리 국민 중에 항일 독립운동가 최재형 선생을 아는 이는 아직도 많지 않다. 안중근 의사의 하얼빈 의거는 대부분 알고 있지만, 하얼빈에서 안중근 의사가 이토 히로부미를 처단하기끼지, 그 배후에서 물적으로 지원한 사람이 누군지, 그 과정을 아는 사람은 별로 많지 않다. '언어도 통하지 않는 러시아 관할 중국 땅 하얼빈에서 안중근 의사가 어떻게 단독으로 이토 히로부미를 처단할 수 있었을까?' 하고 막연하게 생각하는 사람은 있겠지만, 안중근 의사 의거 배후에 독립운동가 최재형 선생이 있었다는 사실을 대부분 모르고 있다.

   한·러·일 크루즈는 부산에서 출발해서 속초를 지나 러시아 블라디보스토크를 거쳐 일본 북해도나 중부를 찍고, 부산으로 오는 대략 6박 7일이나, 길게는 7박 8일 정도의 크루즈여행이다.

(좌)선상 강연 (우)백세시대 인생 후반전 크루즈

한·러·일 크루즈에서 선상 강연을 하게 된 연유는, 2014년 내가 펴낸 《독립운동가 최재형》에서 비롯되었다. 또 다른 이유는 내가 (사)독립운동가최재형기념사업회에서 2016년 당시 상임이사를 맡고 있었기 때문에, 연해주 항일 독립운동의 중심에 있던 최재형에 대해서 일반인들보다는 상세히 알고 있던 때문이었다.

2019년부터 현재까지 (사)독립운동가최재형기념사업회 이사장을 맡고 있지만, 한·러·일 크루즈가 러시아 블라디보스토크를 경유하게 되니, 연해주의 항일 독립운동 역사를 크루즈 승객들에게 쉽게 알릴 수 있는 강사를 찾다가 강연을 많이 하는 나에게 자연스럽게 의뢰가 온 것이었다.

부산에서 출발하는 한·러·일 크루즈는 부산에서 저녁에 출발하여 이튿날 아침 속초에 도착한 후, 서울 등 중부 지방에서 오는 손님들을 태우고, 다음 날 오후 1시경 블라디보스토크에 도착한다. 나의 강연은 블라디보스토크에 도착하기 전 대략 오전 10시쯤에 하는데, 크루즈 승객들이 곧 발을 디딜 러시아 블라디보스토크와 연해주란 어떤 땅이고, 우리나라 근대사와 어떻게 맞물려 있는지를 비로소 알게 되는 시간이다.

두만강을 건너면 바로 연해주 핫산 역에 닿는다. 연해주 일대인 블라디보스토크와 우수리스크 등지에서 항일 독립 투쟁을 벌였던 최재형 선생을 비롯, 안중근 의사와 이상설 선생, 신채호, 홍범도, 이범윤, 유인석, 강우규,

나를 위한 최고의 선물 크루즈여행

문창범 등등, 우리가 이름만 대면 알 수 있는 대표적인 독립운동가들이 항일 투쟁을 벌였던 곳이 바로 러시아 극동의 연해주이다.

크루즈여행객들은 대부분 중년 이후가 많다. 그렇기 때문에 러시아에 대한 호기심이 강하다. 내가 어렸을 때만 해도 러시아는 소비에트연방 즉 소련이라 불렸고, 남북이 반공의 이데올로기로 대치하고 있어서 소련은 가고 싶어도 갈 수 없는 철의 장막으로 넘볼 수 없는 땅이었다. 그러나 고르바초프가 페레스트로이카를 추진하여 1991년 드디어 소비에트연방이 해체되고, 러시아와 중앙아시아의 연방국들이 독립했다. 덕분에 우리나라도 러시아와 재수교를 했고, 그 이후 자유롭게 하늘길이 열렸다. 하늘길뿐만 아니라 부동항이라고만 배웠던 동토의 땅, 러시아 블라디보스토크에 크루즈가 들어가게 된 것이다.

크루즈가 블라디보스토크 항구에 닿기 전부터 기항지 투어에 대비해 배 안에서는 조별로 기항지 입국 수속이 시작된다. 비행기를 타고 여행할 때 공항에서 입국 수속을 하듯 보통 2,000명에서 3,000여 명이나 되는 승객들을 대극장에 모이게 하고 그룹별로 하선 안내를 한다. 크루즈 승객이 내릴 부두에는 대형 관광버스들이 대기하고 있고, 조별 번호가 대기하고 있는 버스 번호와 일치한다. 배가 부두에 들어서는 시간에 맞춰 밖에서는 환영 행사가 열린다. 블라디보스토크시에서 가수와 무용단들이 나와 러시아 특유의 장중한 음률로 환영하는 노래와 무희들의 현란한 춤사위가 펼쳐진다. 크루즈 승객들은 모두 배의 난간으로 나와 환영 행사를 즐기며 노래와 춤이 끝날 때마다 환호와 박수를 보낸다.

하선 시간은 보통 오후 세 시 쯤인데 바로 대기하고 있는 버스에 올라 블라디보스토크 관광을 시작한다. 크루즈에서 내린 손님을 실은 버스가 대략 70~80대인데, 버스마다 가이드가 서툰 한국어로 안내한다. 운이 좋으면 한국말을 잘하는 가이드를 만나지만, 그렇지 않으면 가이드의 한국어가 서툴러서 아쉬움이 크다. 한꺼번에 100여 명 가까이 되는 가이드가 필요하니 한국에 유학 온 러시아 학생들이 대거 투입된다. 그중에는 한국어에 조금이라도 익숙한 고려인 학생들도 있지만, 한국어에 능통한 가이드를 만나기가 쉽지 않다.

크루즈 승객들을 태운 버스들은 서로 노선이 겹치지 않게 여러 코스로 분산되어 시내 관광을 시작한다. 연해주의 주도 블라디보스토크는 최재형을 비롯한 한인 독립운동가들이 '새로운 한국'이란 뜻으로 '신한촌'이라 이름 짓고 독립운동을 했던 곳이다. 최재형 선생이 사장으로 있던 '대동공보'가 있었고, '서울스까야'라는 거리가 있을 정도로 우리 한인들과는 밀접했던 곳이다.

현재는 1937년 스탈린에 의해 한인 전체가 중앙아시아로 강제 이주를 당해서 한인들이 살던 흔적을 찾을 수 없지만, 신한촌에 기념비를 세워 한인들의 독립운동을 기리고 있다. 과거 헤이그 특사가 헤이그까지 기차를 타고 갔던 블라디보스토크 역을 비롯해 혁명광장과 2차 대전의 기념물인 잠수함 등을 관람할 수 있다.

블라디보스토크에는 랜드마크 같은 다리가 두 개 있는데, 시내에서 바로 보이는 골든브릿지(금각대교)와 루스키대교이다. 블라디보스토크와 루스키섬을 연결하는 루스키대교는 70m 높이의 사장교인데, 2012년 루스키섬에서 열린 APEC(아태경제협력체) 정상회의를 앞두고 준공된 다리이다. 당시 러시아에서는 기술이 부족해서 프랑스 기술로 지었다고 한다.

현재 루스키섬에는 극동연방대학교만 있고, 사람은 살지 않는다. 극동연방대학교 학생들은 기숙사에서 사는데, 섬 안에 학교만 있어서 입학할 때는 한 명이던 학생이 졸업할 때는 결혼해서 아이까지 낳아 셋이 된다는 우스갯소리도 있다. 러시아의 자유분방한 성문화 때문에 생겨난 말일 것이다.

블라디보스토크의 명동이라 일컫는 '아르바트' 거리에 다다르면 일단 승객들을 내려놓고 아르바트 거리 관광을 시킨다. 요즘은 한국 사람이 워낙 많이 찾는 곳이어서 한국어 간판이 흔하게 보이고, 한국 돈으로 물건을 살 수도 있다. 아르바트 거리의 끝 지점에는 해양공원이 있어서 여름이면 일광욕을 즐기는 러시안들을 많이 볼 수 있다.

블라디보스토크를 한눈에 내려다볼 수 있는 '독수리 전망대'도 필수 코스이다. 독수리 전망대에서 시내로 내려오는 길목엔 우리가 너무나 잘 알고 있는 러시아의 대표시인 푸시킨의 동상이 서 있다.

관광을 끝내고 다시 크루즈에 승선하는 시간이 대략 오후 9시경인데, 러시아에서는 살 물건이 많지 않다. 가장 인기 있는 품목이 꿀인데, 러시아산 꿀은 100% 자연산이다. 이유는 설탕을 벌에

(상)블라디보스토크와 루스키 섬을 잇는 루스키 대교
(중)블라디보스토크 역 광장
(하)사할린 망향의 동산

게 먹일 수 있는 경제 여건이 되지 않기 때문이다. 공산품으로는 단연 마트료시카 인형이다. 나무로 만든 마트료시카 인형은 다산과 풍요의 상징인데 까도 까도 계속 나오는 나무 인형으로 유명하다. 인형의 갯수가 많을수록 비싸고, 장인이 만든 것일수록 비싸다.

러시아에서 쇼핑할 때면 사회주의가 어떤 것인지를 쉽게 체험할 수 있다. 우리나라처럼 자본주의 사회에서는 크루즈 승객들이 내리는 날은 최고의 장날이 되어야 하고, 그야말로 상인들에게는 최고의 대목일 것이다. 그러나 러시아인들은 미처 쇼핑을 하지 못한 승객들이 기념품을 사려고 까마득하게 줄을 서 있어도 퇴근 시간이 되면 셔터를 내리고 퇴근해 버린다. 우리 정서로서는 이해할 수 없는 풍경이다.

2017년 크루즈 선상 강연을 할 때의 감동이 지금도 생생하다. 그해에는 블라디보스토크에 가는 날 스케줄 때문에 강연하지 못해서, 그 다음 날 블라디보스토크 항구를 떠나 일본 북해도로 갈 때 강연했다. 블라디보스토크에서 북해도까지 가려면 크루즈로 만 하루가 걸린다. 블라디보스토크 항구에서 밤 11시에 출항한 크루즈는 이튿날 아침 10시에 북해도에 도착한다. 내가 강연한 시간은 크루즈가 공해상을 통과할 때였다. 파워포인트를 통해 한 시간 반쯤 강연을 마치고 질문받을 때였다. 늘 그렇지만 질문 시간이 되면 혹여 내가 모르는 것을 물어볼까 봐 바짝 긴장된다.

바로 그날, 70세 전후의 여자분이 손을 번쩍 들었다. 내가 지목하자 안내원이 그분에게 마이크를 건넸다. 그분의 말씀은 나와 크루즈 승객들을 감동의 도가니로 몰아넣었다.

"강의 잘 들었습니다. 고맙습니다. 나라와 민족을 위해 모든 재산을 다 바치고, 목숨까지 바친 최재형 선생을 지금까지 모르고 있었다는 게 너무나 부끄럽습니다. 하여 강사님과 오늘 강의를 들은 모든 분에게 제안합니다. 지금 이 자리에서라도 최재형 선생을 위해 묵념을 드릴 수 있을까요?"

순간 나도 가슴이 먹먹해서 목소리가 떨렸다.

"여러분, 제안하신 분의 의견에 찬성합니까?"

내 물음에 약속이라도 한 듯 청중들이 일제히 화답했다.

"좋습니다. 우리 모두 묵념을 드립시다."

나도 흥분되어 모두에게 말했다.

"자, 모두 자리에서 일어나 주십시오. 지금부터 조국과 민족을 위해 희생하신 최재형 선생님께 묵념을 드리도록 하겠습니다. 모두 최재형 선생님께 묵념!"

그렇게 감격적인 묵념을 끝으로 그날 강연을 끝냈다.

한·러·일 롯데 크루즈는 첫 번째 기항지가 항상 블라디보스토크이다. 한번은 사할린을 경유했으나 크루즈 승객들을 받을만큼 제반 시설인 버스와 식당 등 모든 시설들이 태부족이라 한 번으로 그쳤다고 한다. 그다음 경유지가 일본인데, 일본 기항지는 그때그때 바뀐다. 보통 북해도를 거치는데, 북해도에서도 때마다 경유지가 바뀐다. 더러는 사카이미나토 등 일본의 혼슈 도시를 경유할 때도 있다. 기항지 투어는 버스를 이용할 때도 있지만 소규모로 택시를 이용해 개인 관광을 할 수도 있다.

코로나19 때문에 중단된 한·러·일 크루즈 선상 강연이 재개되기를 꿈꾼다.

어머니, 지금까지 살아오면서 아쉬운게 없으셨나요?
꼭 해보고 싶은 거, 하고 싶은 거,
드시고 싶은 거 뭐 이런 거 없어요?

어머니와 아들의 여행, 블라디보스토크

박재우
글로벌에이치알코리아 대표이사

코스
포항 - 블라디보스토크 - 포항

정확하게 어떤 상황이었는지 기억나지 않는다. 무엇을 하다가 물어보았는지도 모르겠다. 단지 물어본 내용과 답변은 정확히 기억난다.

"어머니, 지금까지 살아오면서 아쉬운 게 없으셨나요? 세상을 떠나기 전에 꼭 해보고 싶은 거, 하고 싶은 거, 드시고 싶은 거 뭐 이런 거 없어요?"

"없다. 이만큼 살았으면 잘 살았다. 아무 소원도 없다."

"다시 잘 생각해 보세요. 있을 거예요."

잠시 후 어머니는 "크루즈여행."이라고 말씀하셨다.

그 말씀을 들은 지 약 6개월 후인 2019년 12월 14일, 포항에서 출발하는 블라디보스토크행 4박 5일간 크루즈여행을 어머니랑 단 둘이서 떠났다. 이 크루즈여행은 포항시에서 야심차게 시범 운항을 해본 후 정규 노선화하려 했으나 코로나로 인하여 지금까지 모든 해외여행이 중단되었으니 이때 미루지 않고 여행했던 건 정말 행운이 아닐 수 없다. 크루즈여행이 처음인 나는 무엇을 준비해야 할지 몰랐다. 대충 들은 정보에 의하면 저녁 만찬을 위한 정장이 필요하다는 것과 승선 중에 다양한 프로그램이 있어 심심하지 않다는 것이었다.

　어머니와 함께한 크루즈는 코스타 네오로만티카호란 이탈리아 배인데 승무원 600명, 승객 1,800명이 함께 승선하는 5만 톤급 크루즈선이다. 처음 타 본 크루즈라 나름 애착이 가는 배인데 코로나 팬데믹으로 인해서 최근 이 배가 파키스탄에 있는 폐선 처리장에서 폐선 처리되고 있다는 소식을 들었다(2021년 11월 30일 크루즈 인더스트리 뉴스). 26년된 배이기는 하지만, 폐선되고 있다니 안타깝다.

　어머니는 대구에 사시고, 나는 서울에 산다. 나는 서울에서 출발하고, 어머니는 대구에서 출발했지만, 같은 기차를 타기 위해 시간을 조절하여 함께 포항에 도착하여 승선 대기 장소인 양덕 한마음체육관으로 갔다. 여기에서 대기하다 셔틀버스로 항구까지 이동하여 크루즈에 승선하는데 두세 시간이 걸렸다. 포항 항구는 아직 크루즈선 승객과 같은 많은 인원을 수용할 대기 장소가 없어서 다른 장소에서 대기하는 것 같아 보였다.

　승선 후 식사 시간이 되었다. 크루즈에서의 첫 번째 식사인지라 무척 기대가 되었다. 식사 후 비상 대피 훈련이 있었다. 실내에서 하면 좋으련만 룸에 있던 구명조끼를 모두 입고 나와 배에 매달려 있는 보트 옆에서 추운 겨울에 살을 에는 듯한 차가운 바닷바람을 맞으며 비상 대피 상황에 대한 설명을 들어야 했다. 이때 타이타닉 파선 후 구명조끼만 입고 바다 위에 둥둥 떠서 벌벌 떠는 내 모습을 상상하기도 했는데 이렇게 추울 줄 몰랐다. 크루즈를 타 본 그 누구도 이런 악몽 같은 시간이 있다고 이야기해 주지 않았다. 길지 않은 시간이었

나를 위한 최고의 선물 크루즈여행

5층 안내 데스크와 그 옆 키오스크

지만, 무척 추워서 기억에 오래 남아 있다. 객실에서 몸을 좀 녹이고 이곳 저곳 배 구경을 하는데, 배 안이 넓고 높아서 길을 잃기 딱 좋았다.

  객실 침대 위에 카드가 놓여 있었는데, 이 카드는 크루즈 내에서 신분증 겸 결제 수단으로 사용된다. 이 배에서는 코스타카드라고 한다. 키오스크를 이용하여 현금을 예치할 수도 있지만, 신용카드와 연계시켜 놓는 것이 나중에 환불받는 번거로움을 피할 수 있다. 5층 안내 데스크 옆 키오스크에서 등록하면 되는데 잘 모르겠으면 한국인 승무원을 찾아 해결하면 된다. 인터넷 사용 등록도 하였는데 많이 느리기는 하지만, 망망대해에서 24시간 내내 인터넷이 되니 그걸로 만족했다.

  크루즈선은 배에 호텔을 올려놓은 것이다. 우리가 탄 배의 4층까지는 기관실 등이 있는 배 그 자체이고, 5층부터 10층까지가 배 위에 올려놓은 호텔이다. 옥상에는 자쿠지와 실외 풀장 그리고 트레킹 코스 등이 있는데 겨울에는 추워서 이 시설을 사용할 수 없다. 출입을 금지하지는 않아서 낮에 올라가 분위기 좀 내려고 했다가 추워서 금방 내려와야 했다. 1층부터 4층까지도 보고 싶어 계단과 엘리베이터를 이용해 가 보기는 하였으

제1부 꿈의 여행, 크루즈

(좌)스위트룸과 (우)일반 객실

나 전부 관계자 외 출입 금지인지라 들어가 보지는 못했다.

첫째 날은 승선하여 저녁 먹고, 안전 교육하고, 이곳저곳 구경하다 보니 한밤중이라 객실에 돌아와서 잠자리에 들었다. 객실은 오션뷰에 발코니도 있고, 응접실도 있는 스위트룸부터 창문이 없는 내측 객실까지 다양하게 있으며, 가격차가 크다. 취향대로 선택하면 될 것 같다. 이 큰 배가 움직이는 흔들림을 느끼면서 기분 좋게 잠을 청했다. 정확히 밤 11시 59분에 배가 출발했다.

유료 식당이 별도로 9층과 11층에 있지만, 여행하는 동안 굳이 그곳에 가야 할 이유를 찾지 못했다. 승선 가격에 포함된 식당은 코스로 나오는 레스토랑이 8층에 있고, 뷔페식당은 10층에 있다. 운동 삼아 계단을 이용할 수도 있고, 엘리베이터를 탈 수도 있어 번갈아가면서 아침, 점심, 저녁을 해결하였다. 또한, 모든 식당이 문을 닫은 후인 밤 12시부터 아침 식사 전까지 음식이 제공되는 미드나잇 스낵바가 있는데, 이 또한 전혀 갈 일이 없다. 세 끼를 워낙 잘 먹어서 이 스낵바는 전혀 이용하지 못했다.

너무 많이 섭취한 칼로리를 해소하고자 헬스장에 갔다. 헬스장의 위치가 배의 제일 뒤쪽에 있어서 통유리를 통해 보이는, 끝없이 펼쳐진 바다가 정말 아름다웠다. 이 바다를 보면서 운동하는 묘미가 아주 좋았다.

10층 뷔페식당　　　　　　　　　　　　8층 뷔페식당

 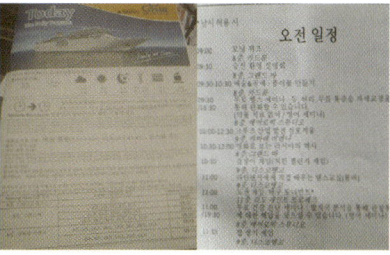

헬스장　　　　　　　　　　　　선상신문의 표지와 안의 내용

　둘째 날 아침에 눈을 뜨니 선상신문이 방문 아래로 들어와 있다. 여행을 마칠 때까지 매일 아침 선상신문이 방문 밑으로 들어와 있는데, 고맙게도 영어가 아니고 한국어로 되어 있다. 아침부터 밤까지 일정이 빽빽한데 다 찾아다니려면 바쁘고 힘들다. 어머니는 이 힘든 일정을 다 소화해 내셨다. 오직 밤에 잠잘 때만 객실에 있었고, 아침부터 저녁까지 다양한 프로그램에 참석했다. 오션뷰 객실을 선택하지 않은 건 정말 잘한 것 같다.

　대한민국의 영해를 벗어나면 카지노가 문을 연다. 나중에 러시아에서 돌아올 때도 대한민국의 영해 안으로 들어오면 카지노가 문을 닫는다. 혹시라도 승객들이 카지노에 빠져서 다른 걸 못할까 봐 배려하는 건 아닌 것 같고, 법률상 대한민국 영해에서는 카지노가 금지되어 그런 것으로 추정한다. 카지노가 오픈할 때는 그렇게 많지는 않다.

　셋째 날 아침 7시. 블라디보스토크항에 도착했다. 배에서 내려도 되고,

제1부 꿈의 여행, 크루즈

카지노 전경

내리지 않아도 된다. 밖에 나갔다 점심 먹으러 배에 돌아와도 된다. 저녁에 있을 만찬까지 돌아오면 된다. 배에서 나가는 것도 2시간쯤 걸린다. 남들은 내려서 무얼 하는지 궁금해서 이쪽저쪽 알아보니 기항지 투어라고 미리 신청하는 게 있었던가 보다. 이미 마감되어서 선택의 여지도 없이 그냥 개별여행을 하게 되었다. 인터넷이 되면 열심히 알아보았을 텐데 인터넷도 느려서 그냥 답답한 상황이 되었다. 주위를 살펴보니 뚜벅이로 여행하는 그룹이 보여서 같이 가도 되느냐고 양해를 구하였더니 흔쾌히 반겨 주어 같이 여행하고 단체 사진도 함께 찍었다.

  친구끼리, 부부끼리 등 다양한 사람들이 모인 여행클럽인데 놀랍게도 이 그룹에 영어하는 사람이 없다. 졸지에 내가 부산에서 온 이 그룹의 통역이 되었다. 좋은 식당을 찾아 점심은 킹크랩에 곰새우까지 그리고 러시아 맥주를 왕창 할인받는 놀라운 신공을 발휘하여 인기짱이 되었다. 86세된 어머니랑 둘이서 함께 여행 온 내가 특이한가? 아니면 어머니가 특이한가? 질문들이 많다.

나를 위한 최고의 선물 크루즈여행

블라디보스토크의 러시아정교 교회

"연세가 어떻게 된다구요?"

"제 아내는 직장 때문에 오지 못했습니다."

묻지도 않았는데 왜 이렇게 대답했을까? 이 그룹뿐만 아니라 우리 크루즈에 탄 승객들 중에서 엄마와 아들이 함께 온 팀은 아무리 찾아봐도 없다는 어머니의 말씀이 있기까지, 그리고 이 그룹의 사람들이 나에게 직접 얘기하기까지 아들과 어머니 단둘이서 여행한다는 것이 일반적이지는 않다는 것을 나는 인지하지 못했다.

여행은 목적지도 중요하지만, 누구랑 같이 가는지도 참 중요하다. 어머니는 단지 크루즈여행을 하고 싶다고 했지 나랑 가고 싶다고 한 적은 없다. 하지만 어머니는 여행 내내 너무 즐거워하셨고, 함께 온 동반자가 아들이었음을 더 행복해하셨다. 그 동반자가 내가 아니라 아버지였으면 참 좋았을 것이라는 말씀은 전혀 없었다.

아버지는 이 세상을 떠나시기 전에 어머니랑 정을 끊기 위해서 아주 적당히 어머니를 고생시키셨나 보다. 아버지는 중풍을 앓으셨고 10년 동안 서

서히 조금씩 더 악화되면서 여행 오기 4년 전에 돌아가셨다. 어머니는 그 기간 동안 후회없을 만큼 온 정성으로 간병하셔서 더 이상 생각나지 않으시나 보다. '어머니와 아버지 두 분이 이 여행을 함께했으면 더 좋았을 텐데….' 하는 아쉬움과 아버지 살아 생전에 "뭐하고 싶으세요?"라고 묻지 못했다는 안타까움이 계속 맴돌았다. 아버지는 세계여행이 꿈이어서 지리 선생님이 되었다고 하셨다. 러시아 여행을 간다고 했으면 "거기는 위도와 경도가 어떻고, 기후는 어떠하며, 역사는 어떠하다."라고 별로 알고 싶지 않은 정보를 위한 강의를 열심히 하셨을 텐데 그 약간의 지루한 강의가 그립다.

　블라디보스토크의 혁명광장에서 구 소련을 위해 힘썼던 병사들을 위한 위령탑 앞에서 어머니와 사진을 찍었다. 혁명광장은 시내 중심에 있어서 중앙광장이라고 하는데 주말이면 5일장 같은 주말시장이 열린다고 한다. 우리는 토요일 밤에 출발하여 월요일에 도착하였으니 시골 5일장이 끝난 다음 날과 같은 분위기였다.

　블라디보스토크에서 아침부터 저녁까지 하루 종일 걸어서 여행한 덕분에 늦게까지 푹 자고 4일째 아침을 맞이하였다. 오늘 하루 마지막 하루를 보내면 내일 포항에 도착하게 된다. 마지막날이라고 오늘 아침 방 안으로 들어온 선상신문에 나온 일정을 보니 온통 댄스이다. 라틴댄스교실. 댄스팀과 함께 댄스, 오후에도 댄스교실, 저녁에도 댄스교실 밤에도 댄스쇼.

　그리고 저녁에는 정식 만찬이 있다. 이때는 정장을 입고 저녁 만찬에 참

러시아 혁명을 위해 싸웠던 병사들의 추모탑. 중앙광장 또는 혁명광장이라고 불리는 곳이다.

걸어다니다가 빵 냄새가 너무 좋아 카페에 들어가 러시아 커피와 빵으로 잠시 휴식을 취했다.

　석하여 마지막 밤을 아주 즐겁게 보낸다. 선장님이 나오셔서 크루즈선의 모든 임직원들을 소개하고 인사를 시키면서 모두 승객과 직원들 모두 기차놀이도 하면서 마지막 밤을 보내게 된다.
　마지막 잠자리에 들기 전, 캐리어를 룸 앞에 새벽 1시 전까지 내놓고 자고 일어나면 다음 날은 포항에 도착한다. 내일 입을 옷과 세면도구만 따로 챙기면 캐리어는 항구에 별도로 내려놓으니 배에서 내려 찾으면 된다. 마지막날이라고 생각하니 좀 아쉽기도 하지만, 충분히 즐겼으니 후회는 없다.
　다음 날 오후 1시 30분에 포항에 도착하니 아침, 점심까지 배에서 먹었다. 4일밤을 마지막으로 모든 일정은 마무리되었다. 하선 준비를 하고 기다리다 배에서 내리니 택시가 어떻게 알았는지 줄 서서 대기하고 있다. 밖에 놓인 캐리어를 찾아 택시를 타고 집으로 향했다. 코로나로 인해서 언제 다시 크루즈여행을 할 수 있을지, 또 어머니랑 단둘이서 여행할 수 있을지 앞으로의 일은 알 수 없으나, 이번 여행의 추억과 여운은 꽤 오랫동안 지속될 것 같다.

나를 위한 최고의 선물 크루즈여행

블라디보스토크의 개선문

제1부 꿈의 여행, 크루즈

꿈과 희망의 동지중해 크루즈여행

김대현
우리엘 여행사 이사
여행작가

/ 코스
로마 - 그리스 산토리니 - 로도스섬 - 아테네 - 크레타섬 - 몰타(발레타) - 이탈리아 시칠리아섬(메시나) - 나폴리, 아말피 - 피사, 피렌체 - 프랑스 코르시카섬 - 로마

절반 이하의 비용으로 간 크루즈여행

2019년 11월 21일부터 12월 2일까지 11박 12일간, 동지중해 크루즈여행을 다녀왔다. 이번 여행이 지금까지의 여행과 달랐던 점은 여행클럽을 통해 갔기 때문에 여행 비용이 가이드를 동반하는 여행사 여행 비용의 절반에도 미치지 않았다는 점과 한두 사람 빼고는 이번 여행에서 처음 만나는 멤버들이 많았다는 점이다. 여행클럽을 통한 첫 여행이었기 때문에 기대에 미치지 못할지도 모른다는 막연한 불안감도 있었지만, 이는 기우에 불과했다. 세계 제1의 여행클럽답게 호스트 등 지원 시스템이 잘 작동하여 약속한 서비스를 제대로 제공했으며, 같이 갔던 회원 중에 팀 리더급 멤버들이 친절하게 안내해 주어 저렴하게 여행했음은 물론, 각자가 자신의 기항지 여행 코스를 설계하는 자유여행의 묘미도 함께 만끽할 수 있었다.

로도스섬 기항지에서

생일 선물로 받은 액션 카메라 고프로(Go pro)

이번 여행은 생일 선물로 받은 액션 캠Action Cam인 고프로Go pro 8를 활용하여 여행 기록을 생동감 있게 남길 수 있었다. 지중해 크루즈여행 가기 전에 생일 선물로 평소에 고프로를 가지고 싶다고 노래를 불렀더니, 가족이 합동으로 선물해 주었다. 제대로 된 영상 제작을 위해 동작50플러스센터에 가서 '영상 맥가이버' 과정을 수강하면서까지 동영상 촬영 및 편집 방법을 배웠다. 이 고프로는 나만의 영상을 만드는 데 결정적인 역할을 하였다. 고프로는 사진뿐 아니라 동영상, 슬로비디오, 타임랩스(빠른 영상) 등 다양한 형태의 영상 촬영이 가능했고, 고프로의 도움을 받아 나만의 영상을 보다 쉽게 제작할 수 있었다.

'독수리 오형제'와 4인조 '비틀스Beatles'

우리가 탔던 크루즈선의 이름은 노르웨지안 스피릿Norwegian Spirit의 7만

나를 위한 최고의 선물 크루즈여행

아테네 파르테논 신전 앞에서 비틀즈 패러디

톤급 배로서 승객만 해도 2,000명이 넘는 대형 크루즈였다. 크루즈를 예약할 때 같은 캐빈Cabin을 쓰게 될 김인호 LG 전무를 소개받았고, 사전 모임을 하던 중 조각가인 강신영 작가도 알게 되었다. 이번 동지중해 크루즈에는 우리 여행클럽을 통해 간 인원이 40여 명 되었는데 10명 정도씩 팀을 짜서 기항지 투어를 같이 다녔다. 우리 팀은 남자 5명이 주로 어울려 다녔는데, 처음에는 우리가 5명인지라 우리 팀 이름을 '독수리 오형제'라고 명명하였다가 중간에 이승도 대표가 아내의 입원으로 중도 귀국하는 바람에 4명이 되자 우리는 4인조 '비틀스Beatles'가 되었다.

   우리는 크루즈 출발 이틀 전에 로마에 도착하여 그곳을 관광하면서 시차 적응과 워밍업을 하였다. 여행클럽에서 로마 시내의 콜로세움 등 관광지와 가까우면서도 가성비 좋은 숙소를 소개해 주었을 뿐 아니라 크루즈 부두까지 갈 전용 버스도 주선해 주었다. 사실 로마를 제대로 여유 있게 관광한 적이 없던 터라 크루즈 타기 전 이틀간의 로마 관광은 크루즈여행에 덤으로 즐긴 보너스 여행이 되었다. 주요 방문지로는 스페인 광장, 판테온 신전, 트레비 분수, 콜로세움 등이었다. 콜로세움은 크루즈 다녀온 후 들렀는데 마침 한산하여 원형 경기장 입장과 함께 팔라티노 언덕, 포로 로마노를 패키

제1부 꿈의 여행, 크루즈

지로 해서 하루 종일 관광하기도 했다.

로마 시내에서 치비타베끼아Civitavecchia 크루즈 전용 부두까지 가는데 전용 버스로 1시간 반 이상 걸렸다. 항구에 도착하여 공항에서 비행기 타는 것과 비슷한 입국 수속을 마친 후 크루즈에 오를 수 있었다. 지중해 크루즈 탑승 첫날(2019. 11. 21.)에는 비상 대피 훈련을 마치고, 오후 5시경에는 여행클럽 주관의 환영 칵테일 파티에 참석하였다. 이 파티는 여행클럽 멤버만을 위한 것으로, 전 세계에서 온 다양한 국적의 클럽 멤버가 120명 정도 되어 이들과 기념 사진을 찍으며 크루즈여행 첫날밤을 즐겼다.

날마다 바뀌는 기항지, 무려 10곳의 유명 관광지 방문

우리 크루즈는 첫 기항지로 11월 23일 산토리니섬을 방문하였다. 여기서는 크루즈 가 섬에 접안이 되지 않아 작은 보트를 타고 섬에 갔는데, 유명한 이아Oia 마을까지 다시 배를 바꿔 타고 갔다. 크루즈에는 밤 9시까지 가면 되다 보니 하루 종일 여유 있게 구경하며 돌아다녔다. 우리 '독수리 오형제'는 산토리니 소개용 영상 제작을 위해 인터뷰도 하면서 영상을 찍었다. 전망 좋은 카페에 들러 맥주를 마시기도 하고, 유명한 산토리니의 석양도 보면서 풍광을 만끽하였다. 저녁 식사 후에는 마을 슈퍼마켓에 둘러앉아 현지 술을 사서 나눠 마시며 즐겼는데, 나는 일행들에게 판소리 단가 '사철가'를 불러 주기도 하였다.

다음 날 11월 24일에는 그리스 섬 중 터키 국경과 가장 가까이에 있는 로도스Rhodes섬을 둘러보았고, 다음 날 25일에는 아테네Athens를 방문하였다. 아테네의 가장 중심지인 아크로폴리스, 민주주의의 발상지인 '아고라

Agora' 등을 돌아보니, 그리스에서는 신들의 세계와 인간의 세계가 확연히 구분되어 있음을 느낄 수 있었다. 아테네 뒷골목에 소재한 그리스 음식점에서 전통 그리스 음식을 시켜 먹기도 하였다. 우리 일행 중 김준홍이라는 친구는 이번 여행을 위해 관광지 교통 요금, 입장료, 현지 음식 등 사전 준비를 철저히 해 와서 우리는 그의 도움을 많이 받았다. 특히 그의 현지 음식에 대한 지식이 해박하여 덕분에 이름도 생소한 현지 음식을 즐길 수 있었다.

11월 26일은 크레타섬을 방문하였다. 크레타섬은 그리스에서 가장 큰 섬으로 미노아 시대 크노소스 궁전과 페스토스 유적, 고르틴 유적, 말리아 유적 등 여러 고대 유적이 남아 있다.

11월 27일에는 몰타섬을 방문하였다. 몰타섬의 수도는 발레타. 가장 먼저 방문한 곳은 어퍼 바라카 가든. 어퍼 바라카 가든은 휴식을 취하기 좋은 장소로 수상 관저 옆에 위치해 있으며 분수, 나무, 꽃, 조각상 등으로 둘러싸

인 정원은 테라스나 전망대로 연결되어 있어 그랜드 하버의 가장 아름다운 뷰를 볼 수 있었다. 어퍼 바라카 가든에서 멀지 않은 곳에 또 다른 뷰를 자랑하는 로어 바라카 가든. 여기에서는 리카솔리 요새, 비그히 궁전, 세인트 안젤로 요새, 비토리오사와 칼카라 해변을 볼 수 있었다.

  11월 28일은 시칠리아Sicily섬의 메시나Messina에 기항하고 승합차를 대절하여 영화 '대부'의 촬영지 싸보카Savoca와 에트나 화산 배경의 원형극장으로 유명한 타오르미나Taormina 등 시칠리아섬 동쪽 지대를 돌아보며 시칠리아 섬의 아름다운 풍광을 제대로 즐겼다. 싸보카에서는 내 특유의 기지를 발휘하여 영화 '대부'를 패러디하는 영상을 찍기도 하였다.

  다음 29일은 나폴리Naples 항구에 기항했다. 우리는 아말피와 포지타노까지 택시를 대절해서 다녀왔는데, 잘하면 팁을 듬뿍 주겠다는 제안에 운전기사가 흥이 나서 CD를 틀거나 이탈리아 노래를 직접 불러 주어 오가는 내내 즐거웠다. 아말피 해변과 포지타노 마을은 가히 절경이었다. 아말피 관광을 마치고 나폴리에 돌아와서는 1853년 부르봉 왕가의 페르디난도 2세에 의해서 만들어졌다는 부르봉 터널을 탐방하기도 했다.

  다음 30일은 피사와 피렌체 관광의 날. 크루즈는 리보르노 항구에 기항했고, 각자 요령껏 택시 기사와 협상해서 피사나 피렌체 혹은 두 군데 다 탐방하였다. 우선 가까운 피사에 들러 피사의 사탑을 배경으로 한 각종 재미있는 사진을 찍고, 관광과 명품 쇼핑으로 유명한 피렌체도 둘러보았다. 피렌체에서는 '천국의 문'으로 유명한 산타마리아 델 피오레 대성당과 베키오 다리, '다비드 상'이 있는 시뇨리아 광장 등을 관광하였다.

  기항지 투어 마지막 날(12월 1일)은 나폴레옹의 탄생지인 코르시카섬을 방문하였다. 여기서는 트레킹도 하고, 비틀스 앨범 사진을 패러디한 사진도 찍고, 영화 '서편제'에 나오는, 청산도에서 '진도아리랑'을 부르는 장면도 재

제1부 꿈의 여행, 크루즈

연하며 춤도 추면서 놀았다. 비틀스 패러디 사진을 찍을 때는 지나가던 프랑스 여인이 자원해서 교통 통제에 나서 주기도 하여 문화 의식이 상통하는 것을 느꼈다.

 코르시카섬은 2,000m 이상 되는 봉우리가 50개도 넘게 있어 드레킹에 도전하기에도 좋은 곳이다. 우리는 시간이 없어 트레킹 코스를 다 돌지는 못했지만, 그중 일부를 실제로 걸어 보기도 했다.

 원래 몬테카를로로 가기로 되어 있었으나 파도가 높아 기항지를 코르시카섬으로 변경하였던 탓에 이곳에 대해서는 사전 지식이 없던지라 현지 주민에게 길을 물어보려 했는데 뜻하지 않은 복병을 만났다. 코르시카가 프랑스 영토라서 주민들이 영어를 모른다는 점이다. 다행히 친절한 프랑스 할머니를 만났지만, 말이 통하지 않아 우리는 부득이 구글 번역기로 의사를 소통하는 수밖에 없었다. 다행히 영어를 아는 아저씨를 만나 두세 시간 동안 트레킹할 수 있는 코스와 괜찮은 레스토랑(Altru Versu)을 소개받을 수 있었다. 트레킹하는 길에 우리는 호주에서 온 등산가를 만나 같이 재미있게 트레킹하기도 했다.

 트레킹을 마친 후 소개 받은 레스토랑으로 가서 식사했는데, 그 식당은 고급 주택가에 있어 코르시카섬 주민들의 사는 모습을 엿볼 수 있었다. 바닷가에 있는 격조 있는 레스토랑에서 우아하게 식사한 후 우리는 크루즈로 돌아가려고 버스를 기다리는데 버스가 오지 않아 할 수 없이 크루즈까지 땀 흘리며 뛰어가야 하는 황당한 경험을 하기도 했다. 나중에 알고 보니 우리가 프랑스 말을 잘 몰라서 일요일 시간표 대신 평일 시간표를 보고 버스를 기다렸던 것이다. Lund a Samedi는 Monday to Saturday를 의미했고 Dimancheet Jours feries 는 Sunday Fairs 의미였다.

크루즈선은 움직이는 호텔

사실상 첫 크루즈를 타면서 느낀 점은 이 배가 움직이는 호텔이라는 것이다. 일단 크루즈를 타면 배가 밤새 운항하여 다음 목적지까지 데려다 주기 때문에 우리는 여장을 다시 꾸리지 않아도 되어 좋았다. 이번에 아내가 일이 있어 남자들끼리만 가다 보니 춤(Dance)은 추지 않아도 그만이었다. 크루즈여행을 하지 못하겠다는 분 중 대부분이 춤을 추지 못해서라는데 어느 구석에서 춤판이 벌어지는지 찾아가지 않으면 모를 정도로 크루즈에는 다양한 재밋거리가 많았다.

여행클럽의 우리 팀 중에는 우리 말고도 두 부부가 더 있었는데 이분들은 크루즈를 제대로 즐기지 못하는 것 같았다. 여행 중에 힘들어하는 것 같아

물어보니 그동안 가이드가 있는 패키지 여행만 다녔고, 가이드가 하라는 대로 따라 하는 여행에 익숙했던지라 다양한 옵션이 있는 크루즈에서 무엇을 해야 할지 잘 모르겠다고 하소연하는 것이었다. 크루즈를 타면 매일 선상신문이 배달되어 시간대별, 장소별로 어떤 이벤트가 있는지 일목요연하게 알 수 있는데, 그 신문은 보지 않고 어떤 것이 좋은지 추천해 달라고 하니 답답한 일이었다. 이분들은 크루즈여행 내내 따로 돌아다니다가 나중에 귀국해서는 여행클럽을 탈퇴하였다고 한다.

이번 지중해 크루즈여행 때는 경험도 별로 없고, 비용을 줄이겠다고 숙소를 내측 객실Inside Cabin로 잡고 갔는데, 사방이 막힌 데다가 방에서는 인터넷이나 전화 등 통신이 전혀 되지 않아 불편한 점이 많았다. 내측 객실보다 오션뷰Ocean View나 발코니Balcony급 객실을 권한다. 사실 우리 여행클럽을 통한 크루즈는 비용이 상대적으로 저렴하니 상위 등급의 방을 예약해도 비용이 크게 늘어나지 않기에 다른 회원들은 대부분 발코니급 방에 투숙했다는 것을 알게 되었다.

크루즈여행은 나이들어 하겠다는 분이 있다면 생각을 바꾸라고 권하고 싶다. 크루즈는 배만 타는 것이 아니라 여러 기항지에서 내려 관광하므로, 체력이 조금이라도 더 좋은 때 가야 좀 더 다양한 경험을 할 수 있기 때문이다.

맑고 푸른 하늘,
외따로 떨어져 있는 아름다운 별장,
백색의 예쁜 마을,
멋진 선남선녀들
그리고 시원한 바람만이 있을 뿐.

요트천국, 그리스 에게해 요트여행

이승도
휴먼포커스 대표, 헤드헌터
전 에릭슨LG 국내사업담당 상무

코스
포로스 - 히드라 - 에르모이니 - 메타나 - 페르디카

　에게해 요트여행을 함께 가는 사람들 50~60명이 모였다. 8척의 요트가 함께 에게해를 달리는 거다. 그리스 요트여행을 경험하고 싶어서 캐빈을 같이 사용할 룸메이트 한 명을 찾았는데 여덟 명이 신청했다. 8인승 요트 전체를 우리가 사용할 수 있었다. 요트에는 방이 다섯 개가 있는데 선장이 하나를, 우리가 네 개를 사용했다. 그리스는 요트의 천국이라고 들었는데 아테네 알리모스 요트장에 도착하니 요트가 너무 많아 여행 멤버들을 찾는데 시간이 꽤 걸렸다.

　그리스 아테네 알리모스 항구를 출발해서 에게해로 향했다. 엔진을 끄고 돛을 높이 올리니 바람에 밀려 요트는 쏜살같이 달려간다. 요트의 돛이 달려 있는 마스트를 잡고 벅차오르는 감정을 억제하며 에게해와 아름다운 섬들을 바라보았다. 우리는 모두 말이 필요 없었다.

　그리스가 요트 천국으로 불리는 이유는 파도가 잔잔해 요트를 즐기기가 좋고, 요트에서 잠잘 수 있기 때문인 것 같다. 또한, 인근에 아름다운 섬과

주택들이 있고, 주변에 부유한 나라들이 있어 그리스 섬에서 휴가를 보내는 사람들이 많기 때문인 듯하다.

  아테네 알리모스 요트장 근처 카페 옥상에서 벌어진 간단한 파티에 참석하여 호스트의 여행 설명과 공지사항을 들었다. 전 세계에서 모인 멋쟁이들과 함께 요트여행을 하는 것이다. 일주일간의 요트여행에 참가하는 이들은 호기심도 많고, 멋을 아는 사람들이리라. 과감하게 노출한 아름다운 여성들과 흰옷과 백구두를 신은 멋진 신사, 다소 거칠어 보이는 근육질의 루마니아팀들은 분위기를 휘어잡았다.

  루마니아팀의 요트가 바로 우리 요트 옆에 정박되어 있었다. 밤새 미녀들과 함께 술 마시고, 노래 부르고, 고함 지르며 시끌벅적하게 즐기던 팀이다. 우리 일행은 갑판에서 조용히 맥주를 마시며 대화를 나누었지만, 시선은 그곳으로 향했다. 모처럼 여행 온 기분을 내는 것이니 시끄러워도 하루만 참자며 서로를 위로했다. 남자들끼리 온 주제에 우리가 할 수 있는 것이라곤 요트 위에서 함께 술 마시는 것뿐이었다. 술자리는 계속 이어졌고 한 명씩 빠져나가 캐빈에서, 요트 위나 튜브 위에서 또는 요트 안에 있는 홀 의자에서 자기도 했다. 아무리 시끄러워도, 피곤해도, 술에 취해도 좋다. 우리는 일주일 동안 그리스 에게해를 항해하니 언제든지 자고, 먹고, 바다를 보며 쉴 수 있기 때문이다.

이번 일정은 다음과 같다.

1일째(Athens): 알리모스 항구에서 파티와 숙식

2일째(Athens to Poros): 바다에서 수영, 섬 투어

3일째(Poros to Hydra): 바다에서 수영, 말을 타고 섬 투어, 파티

4일째(Hydra to Ermioni): 바다에서 수영, 섬 투어

5일째(Ermoini to Methana): 화산 정상까지 하이킹

6일째(Methana to Perdika): 바다에서 수영, 섬 투어

7일째(Perdika to Athens): 바다에서 수영, 아테네로 출발

8일째(Athens): 아침 식사 후 하선

이번 여행에서는 포로스, 히드라, 에르모이니, 메타나, 페르디카 등 5개 섬을 유람하였다. 섬마다 다양한 요트들로 가득차 있었고 선착장 근처 카페에는 전 세계에서 온 멋쟁이들로 가득차 있었다. 모든 섬의 마을은 그리 크지 않기에 삼삼오오 산책을 했다. 그리스 주택의 특징은 흰색으로 칠해져 있고, 벽이 투박하고 두꺼워서 더위를 피할 수 있는 것 같다. 요트도 관광객도 모두 흰색이다.

나를 위한 최고의 선물 크루즈여행

인생을 즐기는 멋쟁이들

둘째 날은 절벽 위에 지어진 카페에서 각자 준비한 흰색 파티복을 입고 모였다. 우리 팀에게도 드레스코드로 흰색을 준비하라고 미리 알려 주었는데, 모두 준비해 왔다. 하나 같이 내가 이야기한 대로 준비한 것을 보면 특별한 여행에 대한 기대가 크다는 걸 알 수 있다.

구름 한 점 없는 진청색의 그리스 에게해를 10대의 날렵한 요트가 줄지어 달리고 있다. 요트 군단이다. 항구에서 동시에 출발하여 바다 위를 달린다. 요트 하나가 앞으로 치고 나가면, 다른 요트가 다시 앞으로 치고 나간다. 외딴섬 해변에 멋진 별장이 군데군데 보인다. 그들은 요트를 이용해 육지로, 섬으로 이동할 것이다. 그리스인들은 그리 여유롭지 않은데, 유럽의 부호들이 휴가를 위해 모여든다고 한다. 삶을 즐기며 사는 사람들이 부럽다.

섬에 도착하기 전 인근 바다에 10대의 요트가 원을 그리며 정박한다. 그 중앙으로 모두 바다로 뛰어들어 해수욕을 즐긴다. 누구는 요리한 것을 먹기도 하고, 요트 지붕에서 선탠도 하고, 수영도 하고, 튜브를 타며 여유를 즐긴다. 어느 요트에서는 멋진 아가씨들만 8명이 왔는데 싱크로나이즈 선수들인지 다이빙하여 멀리까지 수영하기도 한다. 우리 팀은 미녀들에 주눅

들어 감히 접근하지 못하고 멀리서 사진만 찍어댄다. 모두들 평생에 한 번 있는 휴가를 온 것 같은 기분으로 즐기고 있다.

저녁은 일찍 시작한다. 오후 5시에 식사를 위해 사람들이 모여든다. 한산하던 선착장 주변이 소란해진다. 주민들도 더위가 좀 가라앉아서 외출하는 것 같았다. 매일 같이 그렇게 사는 것도 쉽지 않을 듯한데 모두들 인생을 즐기는 것 같다. 식사 시간에도 수다쟁이들이 많아 그렇게 대화해도 무슨 할 이야기가 그리도 많은지 큰소리로 대화하다가 웃고 또 웃고, 우리와 눈이 마주치면 손을 흔들거나 미소를 보낸다. 술을 마시지 않아도 흥겹게 식사를 즐긴다. 우리는 조용히 이야기하다가 계속하여 식사가 빨리 나오지 않는다고 불평이다. 그들은 대화하기 위해 식사하는 듯이 보인다. 식사 시간도 두세 시간이다. 에게해의 멋진 섬에서 특별히 할 일이 없으니 식사하고 대화하고 쉬는 것이 그들의 목적이다.

그런데 우리 멤버들은 디저트를 기다리다가 지쳐서 요트로 그냥 가 버린다. 매번 디저트는 일부 사람의 차지였다. 우리 멤버들은 모두 바쁘게 살아왔다. 그래서 시간이 아깝다고 생각하는 습관이 있다. 이젠 우리도 노는 방법 그리고 혼자서 지내는 방법, 그냥 아무 생각하지 않고 푹 쉬는 방법도 배워야 할 것이다.

에게해 해역 전체가 아시아와 유럽의 접촉점에 위치하고, 고대 문명의 전성기를 이루었던 이집트와 가깝고 그리스 문화의 중심부였으니 얼마나 많은 교류가 있었으며, 얼마나 많은 전쟁이 있었을까. 지금은 관광지로 평화로운 섬이지만 에게해를 향하고 있는 대포를 보니 예전의 모습을 상상할 수 있었다.

에게해를 달리는 요트 위에서는 근심 걱정이 없다. 사업, 개인사 등 모든 것을 잊어 버리고 오롯이 이곳의 풍경에 스며들고 있다. 진청색의 바다, 맑고 푸른 하늘, 외따로 떨어져 있는 아름다운 별장, 백색의 예쁜 마을, 멋진 선남선녀들 그리고 시원한 바람만이 있을 뿐이다. 꿈결에서 다녀온 듯 정말 환상적인 요트여행이었다.

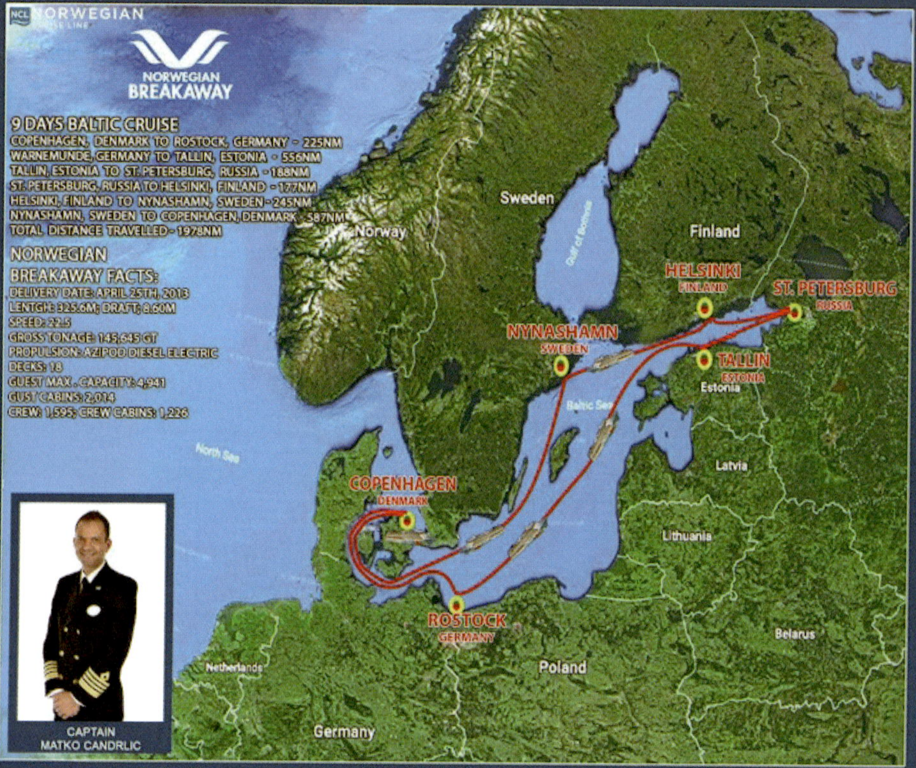
NCL NORWEGIAN
CRUISE LINE
NORWEGIAN
BREAKAWAY
9 DAYS BALTIC CRUISE
COPENHAGEN, DENMARK TO ROSTOCK, GERMANY - 225NM
WARNEMUNDE, GERMANY TO TALLIN, ESTONIA - 556NM
TALLIN, ESTONIA TO ST. PETERSBURG, RUSSIA - 188NM
ST. PETERSBURG, RUSSIA TO HELSINKI, FINLAND - 177NM
HELSINKI, FINLAND TO NYNASHAMN, SWEDEN - 245NM
NYNASHAMN, SWEDEN TO COPENHAGEN, DENMARK - 587NM
TOTAL DISTANCE TRAVELLED - 1978NM
NORWEGIAN
BREAKAWAY FACTS:
DELIVERY DATE: APRIL 25TH, 2013
LENTGH: 325.6M; DRAFT; 8.60M
SPEED: 22.5
GROSS TONAGE: 145,645 GT
PROPULSION: AZIPOD DIESEL ELECTRIC
DECKS: 18
GUEST MAX . CAPACITY: 4,941
GUST CABINS: 2,014
CREW: 1,595; CREW CABINS: 1,226
Sweden
Norway
Finland
HELSINKI
FINLAND
ST. PETERSBURG
RUSSIA
NYNASHAMN
SWEDEN
TALLIN
ESTONIA
Estonia
Baltic Sea
North Sea
Latvia
COPENHAGEN
DENMARK
Lithuania
ROSTOCK
GERMANY
Belarus
Netherlands
Poland
Germany
CAPTAIN
MATKO CANDRLIC

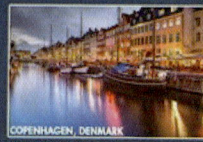

COPENHAGEN, DENMARK

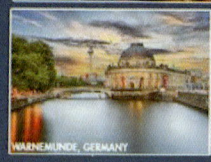

WARNEMUNDE, GERMANY

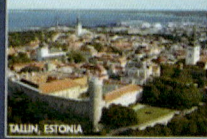

TALLIN, ESTONIA

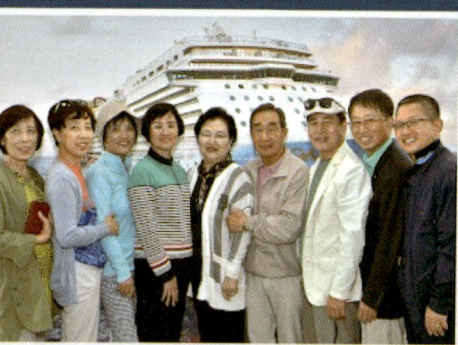

June 16, 2018

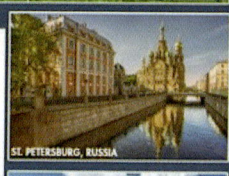

ST. PETERSBURG, RUSSIA

HELSINKI, FINLAND

NYANASHAMN, SWEDEN

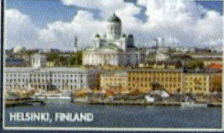

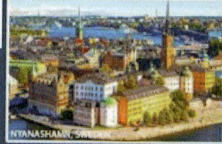

열흘 간의 북유럽 크루즈

만족도 열 배로 올리기

장인수
CEO, Ace People Consulting

코스
코펜하겐, 덴마크 - 베를린(로스토크), 독일 - 탈린, 에스토니아 - 상트페테르부르크, 러시아 - 헬싱키, 핀란드 - 스톡홀름(니나샴) 스웨덴 - 코펜하겐, 덴마크

만 점짜리 크루즈여행 만들기

세상만사 다 때가 있다고 수없이 들어왔다. 그러나 그 진정한 의미를 제대로 알고 몸소 행한 적이 지금까지 얼마나 될까? 초등학교 시절의 소풍을 시작으로 그동안 수많은 여행을 다니며 크고 작은 아쉬움이 있었지만, 지금 와서 돌이켜보면 마음 맞는 친구들과 부부 동반으로 함께 다녀왔던 두 번의 크루즈여행은 계획부터 실행까지 모든 것이 만족스러운 스토리 만 점짜리의 인생 여행이었다.

친구들과의 북유럽 크루즈여행은 2018년 6월에 다녀온 열흘 간의 여행으로, 2014년 8월 알래스카 크루즈여행 이후 3년 10개월 만에 다녀온 두 번째 크루즈여행이었다. 특히 오랫동안 기억에 남았던 것은 같이 여행한 친구들과 처음부터 끝까지 긴밀히 상의하며 우선순위에 따라 하나씩 결론을 내리며 철저히 준비하던 매우 소중한 과정이 있었기 때문이다.

그때의 즐거운 추억을 회상하며 크루즈여행의 주요 포인트인 여행의 목적과 의미, 여행 시기와 루트, 선사와 배 그리고 방(Statement) 사이즈 선택, 크루즈선 내에서의 식사와 기항지별 액티비티 결정 등을 함께 준비하는 과정에서 모두의 기억에 오랫동안 생각나는 내용들을 정리해 보았다.

첫째, 여행의 시기와 의미가 너무 좋았다. 처음의 알래스카 크루즈는 삼십여 년간 각자 산업 현장에서 수고한 멋진 남자 세 명의 은퇴와 회갑을 기념하기 위한 여행이었다면, 두 번째의 북유럽 크루즈는 일생을 자녀 양육과 가사를 위해 헌신한 아내들을 위한 위로와 감사라는 가치를 공유한 여행이었다. 실로 그 의미와 가치에 맞게 이르지도, 늦지도 않게 때를 잘 선택한 백 점 만 점에 백 점을 주어도 아깝지 않은 여행이었다.

둘째, 다른 여행도 그렇지만, 특히 크루즈여행에서 매우 중요한 것은 계절과 날씨. 우리는 친구들과 아내들의 좋아하는 여행지의 계절별 과거 수년간의 날씨를 감안하여 최적의 여행 일정을 잡았다. 알래스카 크루즈는 혹

그림 같은 탈린 구 시가지

코펜하겐 뉘하운Nyhavn 운하 – 영어로는 New Port 즉 새로운 항구운하라는 의미로 바닷가와 마주하고 있는 서민적 분위기의 운하이자 항구로 1637년 개설될 당시에는 선술집이 많았으나 지금은 다양한 카페와 식당이 많고, 여러 가지 색의 아기자기한 집들이 운하와 어우러져 있어 동화 같은 분위기를 느낄 수 있는 곳이다.

서기 피서에 가장 알맞은 시기인 8월 10일 전후를 택한 반면, 북유럽 크루즈는 바다와 내륙 모두 춥지도 덥지도 않은 6월 중순과 하순을 택해 여행 만족도를 최대로 끌어올렸다.

셋째, 쾌적한 여행을 위해 크루즈를 운영하는 회사의 평판과 타고 갈 배의 선택은 크루즈에서 빼놓을 수 없는 중요 포인트다. 배의 총 승선 인원과 승무원들의 비율을 감안하여 서비스 수준과 예정된 포트에 접안 후 내륙 여행을 위해 배에서 하선할 때와 내륙 일정 후 승선할 때의 소요 시간을 감안하여 배의 사이즈가 너무 작거나 큰 배보다는 여행객과 승무원을 포함하여 총 승선 인원 5,500명 내외의 배를 고르기로 하고, 알래스카 크루즈 때는 홀랜드 아메리카Holland America선사의 암스테르담Ms Amsterdam호를

제1부 꿈의 여행, 크루즈

선택했으며, 북유럽 크루즈는 노르웨지안Norwegian선사의 브레이크어웨이 Norwegian Breakaway호를 선택했다. 물론 결과는 대만족이었다.

최근 들어 여행사가 판매하는 패키지 크루즈 상품도 많이 생겼지만, 7~8년 전에는 패키지 상품의 종류도 한정적이고, 가격도 만만치 않은 데다 주위에 크루즈여행 경험자를 찾기가 힘들었다. 어떤 상품이 우리들에게 적합하고 가성비도 좋은지를 잘 몰랐기 때문에 마음 맞는 친구와 시간 여유를 가지고 호기심 있게 탐구한 모든 과정 그 자체가 즐거웠고, 남다른 의미와 추억을 더해 주었다는 생각이 든다.

크루즈여행 설계와 예약 시기

우리는 버킷 리스트 상단에 올려 두었던 크루즈여행이었기에 함께 갈 모든 멤버들의 만족도를 높이기 위해 여행하기 1년 전부터 친구들과 함께 핵심 포인트별로 스크린하고, 의견을 나누며 하나씩 결정해 나가는 step by step searching 과정을 거쳤다. 크루즈에 대한 상식이 일천한 터라 해당 루트별 크루즈를 이용한 미국과 유럽 등의 크루즈 경험자들의 이용 후기는 중요 포인트별로 의사 결정을 하는 데 큰 도움이 되었으며, 매우 낯설고 어려운 크루즈여행을 설계하는 데 많은 팁이 되었다.

지역 및 루트별 성수기에는 소위 인기가 많은 크루즈의 경우, 고객들이 선호하는 방(Stateroom)은 출항일 기준 6개월 전에 매진되는 경우가 많다. 커플이나 서너 명 미만의 미니 그룹이라 하더라도 가고자 하는 시기에 원하는 노선과 배를 예약하기 위해서는 1년 전부터 손품과 눈품을 팔아야 한다. 최소한 7~8개월 전에는 여행 시기와 타고 갈 배 그리고 예산에 부합하는 방을 먼저 예약하고, 나중에 먹을 것과 볼 것, 놀 것 등을 하나씩 결정하는 과정을 거치는 것이 무엇보다 중요하다. 이런 체계적인 사전 준비가 동반자들의 만족도를 최대한 높이는 지름길이었다는 것을 직접 체험하였다. 알래스카와 북유럽 크루즈 모두 이런 과정을 거친 결과 지금은 크루즈여행을 처음 하는 분들에게 주요 핵심 내용을 디자인해 주고 컨설팅할 수준의 소중한 노하우를 갖게되었다.

물론 이러한 과정이 크루즈여행을 계획하는 모두에게 쉬운 일은 아니기에 크루즈 초보자들은 주요 여행사들이 만들어 놓은 상품을 골라 다녀오는 것도 무난할 것으로 보인다. 그러나 이러한 스타일은 경우에 따라 고객의 나이와 취향, 선호도 등 필요한 조건을 모두 채울 수 없기 때문에 여행 중 멤버 상호 간 또는 인솔한 가이드와의 갈등 등으로 찜찜한 뒷맛을 감수해야 할 수도 있다. 비교적 큰돈이 드는 크루즈여행을 할 경우에는 이러한 시행착오를 줄이기 위해 부부나 커플 또는 마음에 맞는 그룹 멤버들과 처음부터 위와 같은 점을 감안하여 직접 설계하는 과정을 적극 권장하며, 그 결과는 상상 이상의 여행 만족감과 두고두고 반추할 즐거운 추억으로 보상받게 될 것이라 확신한다.

누구랑 갈 것인가?

여행과 그 만족도는 누구랑 함께하는가에 따라 다양한 이야기가 전개된다. 북유럽 크루즈여행을 함께한 우리 일행은 삼성그룹 입사 동기 중 절친 세 명의 부부와 필자 아내의 친언니 그리고 S가든 P 회장님 부부 등 총 아홉 명으로 팀이 짜였다. 이중 P 회장님 부부를 제외한 일곱 명은 필자와 친

코펜하겐 오페라하우스와 스톡홀름 시청사 앞 광장

 구들의 직장 은퇴와 회갑 기념으로 2014년 8월에 알래스카로 첫 크루즈여행을 다녀온 뿌듯한 경험이 있다. 그 후 3년 뒤 아내들의 회갑 기념으로 북유럽 크루즈를 계획하고 차근차근 준비하고 있었다. P 회장님은 그동안 사업 확장 때문에 오랜 기간 여행하지 못해 모처럼 아내를 위해 뜻있는 여행을 생각하던 중 필자의 북유럽 크루즈여행 계획을 우연히 듣고 동참하게 되었다. 이로 인해 알래스카 크루즈 때와는 또 다른 이야기가 재미있는 추억으로 남게 되었다. 이렇게 네 부부와 한 분 모두 아홉 명으로 팀이 구성되었으며, 그 한 분은 필자의 처형妻兄으로 40여 성상을 기도와 물질로 주위의 어려운 사람들을 아름답게 섬겨 온 특별한 분으로 알래스카 크루즈에 이어 두 번째 동반 여행이었다.

 크루즈를 이용하는 미국과 유럽인들의 그룹 중에는 우리나라에서도 유행했던 효도 관광의 모습을 흔히 볼 수 있다. 팔순 즈음인 분들이 자식들과 함께 온 경우를 많이 보았다. 때로는 건강 상태가 좋지 않아 휠체어를 이용하는 어르신들도 가끔 볼 수 있었다. 기항지마다 내리지 않고 배에 남아 보고, 먹고, 쉬면서 즐길 수 있는 크루즈만의 매력 때문이 아닐까 싶은 생각이 들었다.

 두 번의 크루즈를 통해 참 멋있고 인상적으로 느낀 그룹이 있었다. 3대가 함께 온 10명의 그룹과 20명 정도 되는 이탈리아와 스페인에서 온 패밀리

나를 위한 최고의 선물 크루즈여행

인어공주상The Little Mermaid 앞에서, 한 천재 작가의 동화가 만국의 관광객을 이곳으로 부른다. '지금이라도 동화를 써 볼까?'

노르웨이 스톡홀름 시청사 앞 광장에서

(우)베를린 장벽이 생긴 이후에도 동·서독인들이 출입했던 곳들이 있었는데 체크포인트 찰리는 주로 군인들이나 외국인, 연합국 측 인사들이 지나다니는 주요 통로였다. 살벌했던 분단과 냉전을 상징하는 작은 검문소는 이제 기념사진을 함께 찍어 주는 제복 입은 군인 모델들이 대신 서 있다.

투어 가이드 겸 역사해설가와 함께   코펜하겐 스트뢰이어트, 세계에서 가장 긴 보행자 거리

제1부 꿈의 여행, 크루즈

그룹이었는데 멋지고 곱게 나이드신 노부부와 그 자녀 부부 그리고 손자·손녀들이랑 함께 크루즈선 내의 고급 레스토랑 원탁 테이블에 둘러앉아 생일 파티를 하는 모습이 참 아름답게 느껴졌다. 나이들어 자식들에게 가족여행을 가자고 하면 시큰둥하지만, "할아버지가 모든 여행 비용을 부담할 테니 크루즈 갈까?"라고 하면 두말하지 않고 냉큼 따라온다는 재미있는 이야기도 있다. 필자도 팔순 기념으로 자녀들과 손주들이 함께하는 크루즈여행을 버킷 리스트 상단에 올려 두고, 이를 위한 건강과 물질 그리고 자녀들의 여건 등이 순조롭게 이어져 꿈이 꼭 이루어지길 소망하고 있다.

방(Stateroom) 정하기와 예산 배분하기

크루즈의 경우 방의 종류가 대략 내측 객실, 오션뷰룸, 발코니룸, 스위트룸 등 네 가지 타입으로 나뉘는데, 각 타입마다 크기와 위치에 따라 두세 가지로 세분되어 있으며, 방의 위치와 타입마다 가격 차가 커서 예산과 성향에 따라 적절하게 취사 선택하는 재미도 쏠쏠하다.

젊은 나이라면 가격이 스위트룸의 ⅓ 정도로 저렴한 내측 객실을 이용하고, 필요할 때마다 선내의 공용 공간 중 경관이 좋은 도서관이나 피트니스센터 등을 최대한 이용하는 방법도 가성비를 높이는 방법일 것이다. 누구랑 어떤 목적으로 가는지가 정해지면 방 사이즈, 식사, 액티비티, 기념 앨범 촬영 등 어느 쪽에 비중을 둘 것인지에 따라 예산을 짜는 재미도 크루즈가 주는 즐거움이다.

우리는 회갑을 맞은 아내들을 위한 배려와 만족도를 감안하여 발코니룸 중 면적이 조금 여유가 있는 미니 스위트급의 방을 선택하였는데, 당시 기본 옵션을 포함하여 1인당 2,350달러 정도를 지불하였다.

  크루즈 내의 방 사이즈는 스위트라 하더라도 작고 좁은 편이다. 방보다는 레스토랑, 극장, 스파, 카지노, 쇼핑센터 등 공용 공간의 우선 배치를 통해 목적지 간 이동 시간이 긴 선상에서의 만족도를 높이기 위해 인테리어와 내부 설계에 신경을 많이 썼다는 생각이 들었다. 우리나라보다 일찍 크루즈를 즐긴 나라에서 온 고객들은 어린이를 동반한 경우도 많아 실내 풀 사이드Pool side 방도 많이 만들어 놓았다. 앞으로 우리 2세들도 젊어서부터 크루즈 문화를 즐기는 기회를 누리게 될 것이란 생각에 만감이 교차하였다.

식도락食道樂

  선상에서의 식사는 크루즈여행에서 빼놓을 수 없는 백미이며, 먹는 즐거움이 한몫한다는 소문은 대부분 사실이다. 아침과 점심, 저녁 모두 가격에 포함된 무료 뷔페가 무제한 제공되고, 저녁의 경우 간혹 3일 정도 이탈리아나 프랑스 레스토랑 또는 일식이나 중식 레스토랑을 별도 유료 옵션으로 이용하는 경우가 있다. 그러나 식도락을 위해 승선 전 약간의 준비와 사전 예약에 따라 만족도가 천차만별이라는 것을 알고, 각 그룹에 맞게 이용할 경우 만족도가 상상을 초월할 것이라고 감히 제안한다.

  우리 일행은 선상에서 즐기는 모든 저녁을 우리가 좋아하는 스페셜 메뉴의 레스토랑을 이용하기로 하고, 방 가격에 옵션으로 포함된 3일 이용권 외에 추가로 6일의 비용을 더 지불하고 승선 한달 전에 모든 예약을 마쳤다. 매일 저녁마다 일행 중 그날의 주인공을 미리 정하여 그동안의 노고를 격려하고 감사하며 회갑을 진심으로 축하하고, 당사자의 축배와 건배사를 들는 순서를 마련하였다. 석양을 바라보며 해안을 따라 매끄럽게 순항하는 크루즈선 내의 럭셔리한 각종 레스토랑에서 식사 시간 내내 고급스러운 서빙을 받으며, 서로 축하하고 축복하며 와인을 곁들인 정찬을 함께 하는 즐거움을 9일 내내 즐길 수 있었다. 이같은 식도락은 천국에서 하나님이 그동안 각자의 위치에서 수고 많았다고 내려 주신 잔칫상 같아 여행내내 감사한 생각이 참 많이 들었다.

만찬 예약표(Dining Plan)

Date/time	Dining Name	Park	Min	Jang	TOT	Note/dept time
Sat Jun 16 05:30 PM	Le Bistro	1		8	9	Copenhagen 5:00 pm
Sun Jun 17 08:30 PM	Manhattan Room (Main Dining)			10	10	Berlin 10:00 pm
Mon Jun 18 05:30 PM	La Cucina	2	1	6	9	at Sea
Tue Jun 19 08:30 PM	Manhattan Room (Main Dining)	10			10	Tallinn 4:30 pm
Wed Jun 20 08:30 PM	Manhattan Room (Main Dining)	10			10	St. Petersburg overnight
Thu Jun 21 08:30 PM	Manhattan Room (Main Dining)	10			10	St. Petersburg 7:00 pm
Fri Jun 22 07:30 PM	Manhattan Room (Main Dining)	4		6	10	Helsinki 4:00 pm
Sat Jun 23 08:30 PM	Manhattan Room (Main Dining)			10	10	stockholm 7:00 pm
Sun Jun 24 06:00 PM	Cagney's Steakhouse	1	4	4	9	at Sea
Mon Jun 25 08:00 AM	Arrive at Copenhagen					arrive

특히 만찬을 위해 유료 레스토랑을 사전에 예약할 때 유의할 점은 일자별로 예약자 1인당 예약 최대 인원을 제한하는 경우가 있어 미리 동료들과 나누어 예약함으로써 한 테이블에서 일행들과 같이 식사하는 기쁨을 미리 준비하는 지혜도 필요하다. 우리 일행은 모두 아홉 번의 만찬 중 인원 제한을 하는 다섯 번을 승선 한달 전에 세 사람이 나누어 예약함으로써 매일 같은 테이블에 둘러앉아 최고급 정찬의 즐거움을 누릴 수 있었다.

나를 위한 최고의 선물 크루즈여행

페테르고프궁은 러시아 상트페테르부르크의 페테르고프에 위치한 궁전이다. 분수, 소규모 폭포, 정원으로 유명한 궁전으로서 '러시아의 베르사유궁'이라는 별칭으로 부르기도 한다.

주요 기항지별 여행 즐기기

북유럽 크루즈는 코펜하겐Copenhagen, Denmark을 출발 - 베를린Berlin, Germany - 탈린Tallinn, Estonia - 성페테르부르크St. Petersburg, Russia - 헬싱키Helsinki, Finland - 스톡홀름Stockholm, Sweden을 거쳐 코펜하겐Copenhagen, Denmark으로 귀항하는 10일간의 일정이다. 우리는 배가 머무는 각 항구Port마다 하선하여 투어 상품의 특징을 예약 사이트에서 함께 보고, 우리에게 적합한 액티비티를 아래와 같이 크루즈 승선 한 달 전에 모두 확정하였다. 도시별 액티비티는 하선 후 승선까지 쓸 수 있는 시간을 고려하여 우선순위를 정하였다.

이 모든 과정을 여행사를 통하지 않고 크루즈 운영사의 홈페이지와 도시별 여행 리뷰를 참고하여 친구들과 직접 검색하고 선택하면서 안목을 키우는 과정이 더 은혜롭고 만족도를 높이는데 일조하였던 같다. 승선 후 배포되는 선상신문News Letter을 보고 기항지별 액티비티를 정할 수도 있지만, 주요 프로그램은 모두 풀부킹이 되어 뜻하는 일정을 보내지 못하는 경우가 종종 있다는 것을 크루즈여행을 계획할 때 꼭 유념하면 좋겠다.

아래는 우리가 사전에 부킹했던 기항지별 액티비티 예약 내용이다.

1) Copenhagen, Denmark - Hop-on Hop-off tour, $42, 48 hrs, 버스 & 보트 walking
2) Berlin(Rostock), Germany - 베를린 Highlights & Leisure Time, $299, 13 hrs(3시간 자유시간 포함) - 기차, 버스 & walking
3) Tallinn, Estonia - Highlights of Tallinn, $55, 5 hrs - 버스 & walking
4) St. Petersburg - 2 days and a evening, $314, 13 hrs/evening Russian dance, 버스 & walking
5) Helsinki, Finland - Easy Helsinki, $55, 2 hrs, 버스 & walking
6) Stockholm, Sweden - Best of Stockholm, $109, 4 hrs, 버스 & walking

[Total cost - $874 per person]

2018년 6월 북유럽 크루즈 당시 3,000여 명의 탑승객 중 배에서 만난 한국 사람은 스무 명 내외로 기억되는데, 우리 그룹 9명을 제외한 대부분은 부부나 커플 또는 자매 등 두 명의 일행이 많았다. 구체적으로 무엇을 하고 지내야 좋을지 준비를 제대로 하고 오지 않은 경우가 대부분이어서 우리의 다양하고 철저한 플랜을 전해 듣고는 선내든 선 밖이든 마주칠 때마다 부러움의 시선을 보내곤 했다.

코펜하겐 도착과 추억 만들기

우리는 크루즈가 출발하기 전에 출발지인 코펜하겐을 미리 여행하기 위해 승선 이틀 전에 코펜하겐에 도착하였다. 필자를 포함한 7명은 한국에서 출발하고, 1984년에 미국으로 이민을 간 친구 부부는 콜로라도 덴버에서 출발하여 코펜하겐 공항에서 만나기로 하였다. 코펜하겐에서의 숙소와 이동 수단을 정하기 위해 현지 여행사와 한국인 가이드 활용을 포함해 여러

코펜하겐 뉘하운Nyhavn 운하 북측의 컬러풀한 집들의 모습.

방안을 고려했는데, 코펜하겐의 호텔 비용과 차량을 포함한 가이드 비용이 상상 이상으로 비싸 코펜하겐에서 이동할 때는 대중교통을 이용하기로 하고, 숙소는 코펜하겐이 아닌 스웨덴 말뫼에 있는 퀄리티 호텔 뷰Quality Hotel View로 정했다. 이 호텔은 4성급으로 1박당 조식 포함 105,000원에 2박을 예약했다. 이는 코펜하겐에 있는 4성급 호텔의 ⅓ 가격으로, 코펜하겐 공항(CPH)에서 호텔까지 21.8km 정도에 있어 기차로 접근하는데 편리하다.

'말뫼의 눈물'

도착 첫날, 호텔 체크인 후 오후에 시간 여유가 있어 우리는 말뫼의 구시가지를 둘러보기로 하고 기차를 이용해 다녀왔다. 코펜하겐 여행을 위해 숙소를 알아보면서 호텔이 있는 스웨덴 말뫼라는 지명을 들었을 때, 이 도시를 둘러싼 유명한 일화 '말뫼의 눈물'이라는 슬픈 스토리가 떠올랐다. 스웨덴은 한때 조선 강국으로 말뫼에 있던 세계적인 조선업체 코쿰스Kockums가 문을 닫으면서 내놓은 대형 크레인을 2002년 현대중공업이 220억 원에 달하는 막대한 해체 비용과 선적 후 시운전까지 모든 비용을 부담하는 조건으로 단돈 1달러에 사들였다. 그해 9월 25일 말뫼 주민들은 크레인의 마지막 부문이 해체되어 운송선에 실려 한국을 향해 멀리 사라지는 모습을 바라보며 한없이 아쉬워 했고, 스웨덴 방송국은 그 장면을 장송곡과 함께 내보내면서 '말뫼의 눈물'이라고 해서 이 대형 크레인의 별명이 되었다.

우리는 어린 시절 가난으로 배고픔을 이기기 위해 허리띠를 조여 매고 냉수로 배를 채우던 시절도 있었고, 경제 부흥의 주역으로 동고동락하며 이제는 말로만 듣던 크루즈여행도 즐기고 있지만, 자칫 정신줄 놓으면 제2의 '말뫼의 눈물' 주인공이 될 수도 있다는 섬찟한 생각도 들었다. 여행은 많은 즐거움과 재충전의 보상도 있지만, 이런 부침의 현장을 통해 느끼고 배우며 더욱 성숙해지는 계기가 되곤 한다. 이번 여행의 꽃인 성페테르부르크를 돌아보며 '영원한 승자도 영원한 권력도 없으며, 절대 권력은 절대 부패한다.'는 역사적 교훈은 그 절정에 달했다. 그렇다 영원한 건 없다.

만 점짜리 추억들

우리 일행은 승선 전 이틀간의 코펜하겐 일정을 비롯하여 승선 후 9박 10일간의 북유럽 크루즈 모든 일정 내내 웃음꽃을 피우며, 현실과 꿈을 오가는 듯한 기분으로 감사와 해피 바이러스에 감염되어 일정을 마칠 수 있었다. 이는 여행 목적, 여행 시기, 멤버 구성 등 핵심 사항의 완벽한 준비를 비롯하여 먹고, 즐기고, 마시고, 볼 것 등을 사전에 함께 조사하고 설계하며 철저히 준비한 덕분이었다. 특히 크루즈 선사가 제공하는 편의 시설과 서비스를 완벽하게 활용하고, 기항지마다 액티비티도 예약한 내용대로 물 흐르듯 마음껏 즐기며, 매일 매시간을 즐거운 마음으로 지낸 덕분이었다.

이 원고를 정리하던 중 많은 선후배와 동료들로부터 존경받던 고등학교

노르웨이 스톡홀름 시청사 앞 광장

페테르고프궁은 러시아 상트페테르부르크의
페테르고프에 위치한 궁전

스웨덴 왕 구스타프 아돌프 2세가 30년 전쟁에 대비하여 스웨덴과 네덜란드의 직인들을 동원하여 1627년부터 건조한 바사호 함선은 700여 종의 조각으로 장식되어 있다.

제1부 꿈의 여행, 크루즈

선배님이 하늘의 부름을 받으셨다. 물론 시작이 있으면 끝이 있다지만, 너무나 아쉽고 안타까운 이별이라 마음이 황량하다. 선배님은 정형외과 병원장으로 환자를 돌보시면서도 모교의 발전을 위해 큰 족적을 남기신 분으로, 특히 후배 기수 동문들이 졸업 30주년 홈커밍 행사를 준비할 때 필자와 함께 합심하여 열정적으로 지도하시던 지난 15년간의 따뜻한 추억이 가슴에 내려앉는다. 그렇다. 우리는 소풍 같은 인생을 정리하고 언젠가는 떠나야 할 인간이기에 남은 사람들을 위해 따뜻한 추억이 때로는 큰 위로와 위안이 되리라. 그래서 상대가 그 누구든 함께하는 모든 여행은 소중하지만, 특히 크루즈여행은 팔색조 같은 매력이 있는 여행이란 생각이 든다.

발틱해Baltic Sea를 크루즈와 함께 즐긴 만 점짜리 추억들

드디어 승선이다. 코펜하겐 승선 후 출항하여 첫 기항지인 독일 로스토크Rostock항에 도착 후 베를린을 시작으로 스웨덴 스톡홀름까지 발틱해를 돌며 남긴 추억을 몇 장의 사진으로 정리해 보았다. 성페테르부르크 다음 일정인 핀란드 헬싱키는 접안 당일 파도 풍랑이 다소 높아서 당초 계획되었던 헬싱키 액티비티가 취소되고, 먼발치로 육지가 바라다 보이는 호텔 같은 배 안에서 시간을 보내게 되어 헬싱키를 상륙하지 못한 아쉬움이 남아 있다.

몇 장의 사진으로 우리의 추억을 모두 소환할 수는 없지만, 장소별 대표 사진마다 멤버들의 가득한 웃음을 보며, '다음 크루즈의 기항지를 어디로 정하고, 어디쯤에 무거운 닻을 깊숙이 내리고 쉴 것인가?'라는 생각에 어느새 상상의 나래가 뭉게구름처럼 부풀어 오른다.

삶의 진정한 여정에서 깨어나,

나의 행복을 스스로 만들어 보자.

나의 첫 크루즈여행의 시작, 서부 지중해 크루즈

박순천
여행소통가
크루즈 스페셜리스트

코스
바르셀로나 - 프랑스 니스 - 모나코 -
스페인 팔마 데 마요르카섬 - 바르셀로나

　바르셀로나는 유럽 여행을 하면서 나의 베스트 여행지를 하나 고르라고 한다면 주저 없이 선택하는 도시 중의 한 곳이다. 처음 떠난 지중해 크루즈여행이 시작된 곳도 바로 바르셀로나이다. 평소 크루즈여행에 관심이 많았던 나는 크루즈를 타고 세계 일주를 하는 것이 꿈이었다. 80일 간의 세계 일주를 꿈꾸며 모험과 즐거움이 가득한 도시로의 여행을 상상했다. 배를 타고 가는 여행이다.

　바다 위를 여행한다는 것은 혼자서는 어려운 일이지만, 크루즈라는 듬직한 동반자가 있어 가능했다. 언젠가는 가 보리라 마음 먹었는데 생각보다 일찍 내게 기회가 왔다. 스페인 일주 여행을 하면서 이 도시의 매력에 흠뻑 빠져 있던 차에 마침 바르셀로나에서 출발하는 특별 크루즈가 있다는 소식을 접했다. 보통은 일주일 이상의 긴 여정이라 열흘 정도 휴가를 내야 한다. 서부 지중해 크루즈는 바르셀로나를 출발하여 프랑스 니스를 거쳐 팔마 데 마요르카섬을 지나 바다 위에서 하루를 보내고 다시 출발지로 돌아오는 3

박 4일의 특별한 여정이다. 항공 이동 시간까지 포함하여 일주일 정도 휴가 내면 된다. 나의 첫 크루즈여행은 그렇게 시작되었다.

뜨거운 태양의 도시 바르셀로나

크루즈가 출발하기 하루 전에 바르셀로나에 도착했다. 스페인 바르셀로나는 예술적인 건축물로 유명하다. 건축가이자 조각가인 예술가 가우디가 지은 구엘 공원과 지금도 건축 중인 사그라다 파밀리아 성당이 대표적이다. 도착하자마자 가방을 호텔에 던져 두고 구엘 공원에 갔다. 구불구불 아름다운 발코니 타일에 반짝이는 햇살이 빛을 반사하고 있다. 건물들은 '헨젤과 그레텔'에 나오는 동화 속 건물처럼 아기자기하게 생겼다. 가우디의 건축물들은 곡선으로 이어진 것이 특징이다. 직사각형 콘크리트 건물이 많은 서울의 도시 풍경에 익숙한 나는 이색적인 풍경 속에 금세 푹 빠져 버렸다. 버섯 같기도 하고, 커다란 막대사탕 같기도 하다. 구엘 공원에서 특히 인상적인 곳은 돌멩이로 쌓아 올린 탑 모양의 돌다리가 있는 곳이다. 마치 하와이 와이키키 해변에서 보는 파도 모양처럼 생겼다. 중세 성을 연상케 하는 윗부분과 파도의 웨이브로 연상되는 기둥 부분이 쭉 연결되어 자연의 광장까지 이어진다. 햇빛이 둥근 다리 사이로 비춘다. 그늘에서는 거리의 악사들이 아코디언을 연주한다. 기둥과 기둥 사이로 야자수 나무들이 즐비하다.

저녁 식사까지 시간이 남아 바르셀로나 올림픽 경기장이 있는 몬주익 언

덕에 올라갔다. 대한민국 황영조 선수가 마라톤 금메달을 딴 곳이기도 하다. 이곳에 황 선수의 동상과 기념비가 있다. 올림픽 경기장을 돌아보았다. 몬주익 언덕 전망대에서는 도시가 한눈에 다 보인다. 저 멀리 지중해 바다도 보인다. 내일 타고 항해를 떠날 크루즈도 보인다. 세상에 대형 크루즈가 한 척도 아니고, 여섯 척이나 나란히 정박하고 있다. 여러 척이 있는 것으로 보아 지중해의 모든 크루즈 배는 모두 이곳에 모인 듯하다.

    다음 날 아침 항구로 갔다. 크루즈 터미널은 규모가 제법 컸다. 배를 타려는 사람들이 줄을 섰다. 한 배에 몇천 명이 타려니 수속도 출발 6시간 전부터 시작한다. 늦어도 배가 출발하기 두 시간 전에는 도착해야 한다. 짐을 부치고, 체크인을 하고, 크루즈 터미널에서 다리로 이어진 배에 올랐다. 나의 첫 크루즈는 로얄캐리비안 크루즈 선사의 보이저호이다. 우주를 탐사 중인 나사NASA의 무인 우주선 인 보이저호와 이름이 같다. 크루즈의 규모는 톤에이지로 표시한다. 내가 탄 보이저호는 14만 톤으로 대형 크루즈이다. 영화에서 보았던 호화 유람선 타이타닉호는 5만 톤급이니 거의 세 배나 된다. 길이가 무려 311m이고, 높이는 15층이다. 고층 아파트를 보는 듯하다. 내가 탄 배가 항구를 벗어나고 있다. 터미널에 있는 사람들이 손을 흔든다. 나도 갑판으로 나가서 손을 흔들었다.

중세 유럽 사람들은 지중해가 바다의 전부로 알고 산 적이 있다. 바다 저 끄트머리에는 낭떠러지가 있을 것이라 믿던 시절 이 바다는 무역의 보고였고, 고대엔 해상 전투로 전쟁터가 되기도 했다. 잔잔하고 푸른 지중해를 가로지르며 보이저호는 다음 기항지인 프랑스 남부 도시 니스의 빌레 르 빌 항구로 유유히 순항하고 있다.

크루즈에서 묵은 선실은 인사이드 캐빈이었지만, 혼자 지내기에는 아늑했다. 저녁이면 디너 정찬에 멋진 드레스를 입어야 한다. 드레스가 없던 나는 어깨가 드러난 가장 화려한 원피스를 준비하여 숄을 두르고 식당에 갔다. 배에 탑승한 인원이 많다 보니 식사 시간도 예약해야 한다. 저녁 식사를 두 번에 나누어서 하는 것이다. 정해진 식탁에 안내해 주는 승무원, 와인을 서빙하는 승무원, 식사의 주문을 전담으로 하는 사람들이 구역별로 손님들을 맞이한다. 식사는 고급 레스토랑의 정식 코스로 서빙된다. 크루즈 비용에 식사비가 모두 포함되어 맘껏 주문할 수 있다. 스테이크를 먹으면 와인은 저절로 마시게 된다. 와인은 유럽의 물가보다 상당히 착한 가격이다. 크루즈는 사람들이 생각하는 것만큼 비싸지 않다. 여행을 마치고 나면 기항지 투어나 식사 시 별도로 주문한 부대 비용을 계산하면 된다.

디저트까지 맛있게 먹고 나면 건너편 극장에서 크루즈의 꽃인 공연이 매일 밤 펼쳐진다. 공연도 수준급이며, 프로그램도 다양하다. 음악과 춤으로 구성된 공연은 언어에 부담 없어 재미있게 보았다. 간단한 영어 회화가 가능하면 크루즈여행이 더 즐겁다. 매일 같이 선상신문을 통해 이른 아침부터 자정까지 시간 시간마다의 이벤트 행사 내용을 알려 준다. 크루즈를 즐기려면 선상신문을 들고 다니면 된다. 한 시간에 10만 원이나 하는 댄스 강습도 선내에서는 무료이다. 신나는 음악과 전문 댄서의 공연은 물론 레슨도 해 준다. 선실에서 레스토랑을 다녀오려면 운동장 한 바퀴를 도는 만큼 걸어야 한다. 식사하고 방으로 돌아오면 소화가 다 될 정도이다.

남부 프랑스를 거닐다

다음 날 아침 프랑스 남부 니스의 작은 항구인 빌레 르 빌에 도착했다. 보이저호는 배가 너무 커서 작은 항구에서 한참 떨어진 바다에 정박했다. 구명정 배를 내려 3,500명이 넘는 사람들을 작은 항구까지 실어날랐다. 항구에 내리니 버스가 기다리고 있다. 배는 저녁에 떠난다. 버스를 타고 아름다운 니스 해안가를 돌아 시내로 들어갔다. 한참을 가니 바닷가 바위 위에 세워진 에즈라는 도시에 도착했다. 절벽 위에 성채를 지었다. 좁은 골목길을 이리저리 돌다 보니 버스가 떠날 시간이 되었다. 바로 옆에 있는 모나코로 이동한다.

도시국가 모나코는 왕비 그레이스 켈리로 더 알려진 나라이다. 인상적인 곳은 몬테카를로 카지노이다. 한참을 가는데 대로변 옆에 임시 스탠드 좌석이 있어 물어보았다.

"저기 보이는 것들은 무엇인가요?"

"내일부터 F1 그랑프리 경주가 열려요. 도로가 경주 코스가 되는 거지요."

도심 전체가 경기장이 된다니…. 반나절도 안 되어 다 돌아보고 나니 그 말이 이해가 되었다.

모나코는 프랑스와 이탈리아 사이에 위치한 작은 국가이다. 모나코는 왕정제 국가로 왕이 기거하는 왕궁은 관광객들이 꼭 들르는 코스이다. 시간을 알리는 대포가 울린다. 중세의 작은 성곽을 쌓고, 그 사이로 적군을 향해 쏘아 대던 대포가 있다. 이제는 그것이 시간을 알리고 있다.

항구에 도착하니, 크루즈까지 데려다 주는 작은 배가 오기까지 시간이 걸린다고 했다. 카페에서 에스프레소 한 잔을 주문했다. 영화 속 주인공처럼 선글라스를 머리 위로 올리고 눈을 지긋이 감고 커피 잔을 가져와 향기를 맡아 본다.

"음~, 바로 이 맛이야."

내가 타고 갈 작은 붉은색 보트가 보인다. 이제 보이저호로 돌아갈 시간이다.

크루즈를 타고 내릴 때는 승선카드가 있어야 한다. 신용카드 모양이다. 배를 타고 선실을 드나들 때는 방 열쇠가 되고, 식당에서 와인을 마시거나 선내 상점에서 물건을 사면 지불 수단이 된다. 중간 기항지에서는 신분증이 된다. 배를 탈 때 반드시 승선카드를 확인해야 한다. 승선카드를 넣으면 얼굴이 컴퓨터 스크린에 뜬다. 승무원이 일일이 확인한다. 부저가 빵 하고 울린다. 옆 라인에서 뭔가 일이 있는 모양이다. 중국인으로 보이는 사내가 큰 소리로 뭐라 한다. 아마도 니스 시내에서 와인 한 병을 구입한 모양이다. 크루즈 탑승 시에는 가방 검사를 하는데 주류는 반입이 금지되어 있다. 마치 영업장에 주인 몰래 술을 가져가 마시는 거와 같은 상황이다. 가져온 주류는 보관소에 두었다가 배에서 내릴 때 주인에게 돌려준다. 크루즈 타면서 이런 해프닝은 가끔 보게 된다.

그날 밤 프랑스의 앞바다에서 밤 축제가 시작되었다. 샹송이 울려 퍼지며 낮의 여운을 이어 준다. 반바지에 티셔츠, 민소매를 입고 낮시간을 보낸 여행자는 밤이면 밤마다 변신한다. 화려한 드레스를 입고 저녁 만찬을 즐긴다. 밤을 즐기려는 사람들의 행렬이 이어지고, 크루즈 선상의 곳곳에는 포토 스튜디오 세트가 세워진다. 크루즈에는 은발의 노부부가 유난히도 많다. 오랜 세월 함께한 부부가 정겨운 포즈로 포토존에 선다. 훈훈한 정경이다.

지중해의 진주 팔마 데 마요르카

다음 날 아침 스페인령 발레아도스 제도 팔마 데 마요르카섬에 도착했다. 항구에서 시내까지 걸어갔다. 부지런한 사람들은 기차를 타고 외곽까지 간다고 했지만, 난 도보여행을 선택했다. 지중해의 햇살을 맞으며 천천히 걷고 싶어서이다. 처음으로 간 곳은 벨베드 성이다. 14세기에 지어진 요새는 인상적인 원형 구조에는 3개의 타워로 둘러싸인 중앙 안뜰이 있고, 팔마 베이의 아름다운 전망을 바라볼 수 있는 곳이다. 천천히 시내도 돌아보았다. 노천카페에서 차도 마시고, 지중해의 아름다운 진주도 관심 갖고 보았다. 스페인 왕족들의 휴양지인 마요르카섬 사람들은 확실히 여유가 있다. 한국인에게 마요르카섬은 특별한 의미가 있는 곳이다. 애국가를 작곡한 안익태 선생이 그의 부인과 함께 살던 곳이 바로 이곳 팔마 데 마요르카섬이다. 아직도 그의 후손이 그 곳에 살고 있다. 여운을 남기고 다시 마요르카섬을 찾을 때 기차 여행을 하며 가 보기로 하고 배로 돌아왔다.

지중해 크루즈 선상에서

스페인 팔마 데 마요르카섬을 출항하여 바르셀로나로 오는 길에 선상에서 하루 종일 크루즈를 맘껏 즐기는 날이다. 이날은 배에서 내리지 않기 때문에 선상데이 Sea Day 라고 부른다.

전날 밤 선실로 선상신문이 배달된다. 신문에는 주제별, 시간별로 크루즈에서 진행되는 모든 이벤트 내용들이 실려 있다. 나는 펜을 든다. '내일은 뭘 할까?' 줄을 긋기 시작한다. 신문이 까만 줄로 가득하다. '훗~, 내일도 재미있겠는데?' 좀 일찍 자야겠다. 12시가 넘었다.

새벽이다. 자동으로 눈이 번쩍 떠졌다. 지중해를 바라보며 휘트니스 센터에서 요가로 하루를 시작한다. 간밤에 진한 선상 파티의 영향인지 아니면 새벽부터 배에서 내리지 않아도 되어서인지 늦잠을 자는 사람들도 많은 덕분에 요가에 참여한 인원은 10여 명 뿐이다. 이런 여유가 있나!

요가가 끝나고 바로 옆에 있는 휘트니스 센터로 갔다. 가볍게 스트레칭을 하고 나서 런닝머신에서 느린 속도로 걸었다. 바다가 보이는 전망 좋은 곳에 나란히 런닝머신 20여 대가 놓여 있다. 마치 영화의 한 장면처럼 수평선 위를 속도 내어 뛰어 본다. 기분이 좋다. 내친 김에 신선한 바닷바람을 맞고 싶어 선상 데크 위를 조깅했다. 운동장 한 바퀴를 돈 것과 같다. 운동하고 나

제1부 꿈의 여행, 크루즈

니 출출해졌다. 수영장 옆에 있는 뷔페 레스토랑에서 신선한 과일과 요거트로 아침 식사를 했다. 음식도 승객들의 각기 다른 문화를 존중해 구역별로 준비되어 있다. 동양인들이 좋아하는 음식, 서양인들이 좋아하는 음식, 아이들이 좋아하는 디저트까지 종류가 다양하다.

오전에 메인 로비에서 승무원들의 타월 접기 체험이 있다. 크루즈를 탑승하면 객실 승무원들은 손님들의 침실을 청소하고, 큰 바스 타월과 각종 타월을 가지고 꽤나 유머러스한 동물들을 만든다. 기항지 투어를 마치고 방으로 들어오면 감탄이 절로 나온다. 승객들의 주머니가 열리고 승무원에게 주는 팁이 올라간다. 청소하는 중에 팁이라도 살짝 전하면 그날 밤 침대 위에는 한 쌍의 백조가 붉은 장미를 물고 있기도 한다. 바로 그 동물 모양을 타월로 접기 체험을 하는 시간이다. 어린 꼬마부터 나이 든 노부부까지 접기를 시연하는 승무원을 따라 열심히 접는다. 나도 백조 한 마리를 접어 보았다. 색종이로는 만들어 보았지만, 타월로 만드는 것은 생각보다 쉽지 않다. 수건은 중심을 잡아야 한다. 두 개의 노란 고무줄로 이어서 큰 수건의 균형을 맞추어야 한다. 그래도 완성하고 나니 재미있다.

그림 그리는 것을 좋아하여 7층 이탈리안 식당에서 그림 그리는 세션에 참가했다. 파란색으로 바다를 색칠하고, 하얀 물감으로 물보라를 그렸다. 하늘에는 갈매기 한 마리도 그렸다. 한 번쯤 해보고 싶은 것을 하루에 다 해보려니 부지런히 다녀야 한다. 그림 그리기 미션 완료!

점심은 정찬식당으로 갔다. 오랜만에 여유를 가지고 즐겨 볼 예정이다. 기항지 투어가 있는 날이면 현지에서 가볍게 먹느라 점심은 간단하게 먹었다. 정찬식당은 사전에 예약해야 한다. 종일 배에서 지내는 날이라 그런지 사람들이 많다. 한국 사람들이 자주 사용하는 말이 있다.

"진지 드셨어요?"

"밥은 먹었니?"

끼니라도 건너뛰면 큰일난 것처럼 호들갑을 떤다. 크루즈여행을 하면서 제일 생각나는 것이 가족들이다. '다음에는 같이 와야지.' 혼잣말을 한다.

오후에는 지중해 햇살을 즐기기로 했다. 햇살이 따스한 수영장 옆 데크에 자리를 잡았다. 수영장 바로 앞에서는 신나는 음악이 흘러나온다. 살사 댄스를 하는 승무원을 따라 사람들이 하나 둘 모여들고, 댄스 강습은 금세 신나는 축제가 된다. 바라보는 것도 재미있다.

크루즈의 연통이 나온 부분이 크루즈에서 가장 높은 곳이다. 그 연통을 감싸고 인공 암벽 등반하는 곳이 있다. 오후에 내가 도전장을 던진 것이 바로 암벽 등반이다. 허리에 안전 줄을 메고 암벽을 오른다. 발을 툭 튀어나온 부분에 디디고 한 칸씩 올라가면 저 아래 안전요원이 줄을 잡고 있다. 꼭대기 부분에 종이 있는데 간신히 올라가 종을 쳤다. 상으로 크루즈가 그려진

기념 타월을 받았다. 내 생애 첫 번째 암벽 등반을 지중해에서 시도했다는 것만으로도 의미 있는 시간이다.

  요가하기, 조깅하기, 암벽 등반, 살사 댄스, 수건 접기, 칵테일 만들기, 탁구, 그림 그리기, 건강 강연 참여하기, 요리 실습 참여하기, 카지노 게임하기, 냅킨 접기 등등…. 나는 이 모든 것을 다 참여했다. 3,500명 중에 이런 사람은 두세 명밖에 안될 텐데 그중의 하나가 '나'다. 이것이 나의 발견이다. 내 친구 현이가 왔다면 아마 와인을 마시며 데크에 앉아 책을 읽거나 졸고 있을 것이다.

  내가 크루즈여행을 선호하는 것은 여행 중에 짐을 쌀 필요가 없다는 것이다. 크루즈선 내에서 밤새 즐겁게 지내고, 자고 나면 다음 날 다른 도시로 데려다 준다. 잔잔한 지중해를 항해한다는 것은 크루즈여행의 백미이다. 크루즈는 파도가 높지 않은 곳을 항해한다. 바다는 넓고, 그 위에 각 나라 사람들이 모인 크루즈는 작은 지구촌이다. 크루즈에서 만난 다양한 사람들의 모습을 통해 우물 안 개구리가 아니라는 걸 확인한다. 이웃과 이야기하듯이 자연스럽게 대화할 수 있다는 것도 내가 크루즈를 선호하는 이유이다. 그들과 이야기를 나누며 살아 있음을 느낀다. 다양한 문화를 접하는 것도 즐겁다. 이야기하며 바로 나를 바라볼 수 있기 때문이다. 나는 세계인과 소통하고, 그들의 이야기에 귀를 기울인다. 사람들의 심리를 가까이에서 바라볼 수 있어서 마음을 관찰하는 소중한 시간이 되기도 한다.

  크루즈여행의 첫 경험을 떠올리며 행복한 추억의 장면들을 불러 본다. 다음 크루즈여행은 어디로 떠날까? 삶의 진정한 여정에서 깨어나, 나의 행복을 스스로 만들어 보자고 다짐한다.

과거와 현재가 공존하는 나라 이집트로의 시간 여행

나일강 크루즈

강신영 · 조미영
디티앤씨 그룹부사장 고교 교사
전 한국오라클 부사장

코스
룩소르 - 에드푸 - 콤 옴보 - 아스완

집 떠나 노숙하며 시작한 여행

우리 가족은 여행을 참 좋아한다. 큰아이의 중학교 마지막 방학인 2009년 겨울방학을 앞두고 앞으로 꼬박 3년 동안은 여행을 접어야 한다는 위기감(?)이 몰려왔다. 사실 고등학교 입학 선의 서울방학은 큰아이에게 매우 중요한 시기였다. 하지만 우리는 학원 공부보다는 세상을 보여 주기로 하였다. 교사인 아내와 아이들의 방학에 맞춰 나도 모처럼 장기 휴가를 내어 쩐 여행을 해보기로 하였다. 테마를 뭘로 할까 고민하다 역사 기행을 하기로 하고, 가족회의를 통해 이집트로 정했다. 한 달도 채 남지 않은 시점에서 아이들에게 이집트 관련 책을 읽게 하고, 콩 볶아 먹듯 여행 계획을 세웠다. 우리는 늘 그랬 듯 이번에도 여행사의 패키지 여행이 아닌 우리 가족만의 단독 여행을 하기로 하였다.

12월 24일, 크리스마스이브에 타슈켄트에서 1시간가량 머문 후 5시간 반

센티도 크루즈 앞에서

을 더 날아 밤 9시 40분에 카이로 공항에 도착하였다. 출발하기 직전에 예약한 숙소에 혼선이 생겨 룩소르로 바로 이동하는 것으로 일정이 변경되는 바람에 공항 대합실 의자에서 새벽 5시까지 생전 처음 노숙(?)을 하였다. 경비병 2명이 근무하고 있었지만, 치안이 좋지 않은 곳이라 혹시 모를 짐 도난을 우려해 아이들은 재우고, 아내와 나는 번갈아 보초를 섰다. 특별한 경험이었다.

2박 3일의 나일강 크루즈여행

25일, 새벽 5시 반 첫 비행기에서 보는 사막의 일출은 붉은색이 훨씬 선명하여 경이로웠다. 1시간 후 룩소르 공항에 도착하였고, 픽업 서비스를 이용해 게스트하우스로 갔다. 현지에서 게스트하우스를 5년째 운영 중인 29세의 젊은 한국인 사장이 우리를 맞아 주었다. 타국에서 한국인을 만나니 정말 반가웠다. 숙소를 배정받고 간단히 짐 정리를 한 뒤 9시 10분에 크루즈를 타는 곳으로 이동했다.

나를 위한 최고의 선물 크루즈여행

　처음 해보는 크루즈여행이라 우리 모두 호기심과 기대가 대단하였다. 그런데 그곳의 크루즈들은 우리가 영화에서 보거나 생각하던 크루즈와는 상당한 차이가 있었다. 크기도 작았고, 선박도 낡아 보여 언뜻 보면 좀 오래된 큰 요트 같았다. 그중에서도 우리 크루즈는 제일 작은 센티도Sentido호였다. 아내도 아이들도 좀 실망한 듯해서 조금 민망했다. 아마도 정규 일정보다 짧은 일정 때문이었던 거 같았다. 대신 가격을 추가해 객실을 업그레이드해서 배정 받은 2인실 숙소는 나름 괜찮았다. 하지만 독일 관광객들이 늦게 승선하여 2시간이나 늦게 출발하는 바람에 나일강 수변을 여유 있게 둘러볼 수가 없어 아쉬웠다. 다행히 큰 목욕탕 수준의 수영장에서 아이들은 즐겁게 수영도 하고, 선상의 선베드에서 선탠을 하며 나름 즐기고 있었다. 저녁에는 예수의 탄생을 기리는 성탄 구유도 만들어 놓고 트리로 장식해 한껏 성탄절 분위기를 연출해 놓은 선상에서 다양한 나라의 승객들과 함께 어울려 가볍게 춤도 추고 캐럴도 부르며 선상 파티를 즐겼다. 첫날부터 영화 '타이타닉'에 나오는 것과 같은 크루즈여행을 기대한 가족들에게는 민망했지만, 크게 불평하지 않고 나름 즐겁게 하루를 보내는 가족들이 고마웠다.

네팔 가족과의 인연

26일, 첫 기항지인 에드푸에 도착하여 프톨레마이오스 3세가 기원전 237년에 지은 호루스 신전을 구경하였다. 이집트에서 두 번째로 크다는 호루스 신전은 기원전 237~57년 사이에 완성된 것으로 추정되는 유적이다. 거대한 열주와 미로 같은 길을 따라 제실들이 있는데, 벽면 부조의 보존 상태가 꽤 완벽해서 놀랐다. 일정상 40분정도밖에 둘러보지 못해 너무 아쉬웠다.

다음 목적지로 이동하기 위해 우리는 다시 승선했다. 승선 후 선상에서 신전을 배경으로 사진을 찍으며 아쉬움을 달래던 중 우리 가족의 사진을 찍어 주던 잘생긴 네팔 청년 시암Siam의 가족과 이야기를 나누게 되었다. 알고 보니 카이로에서 룩소르로 오는 비행기도 같이 탑승했었다. 네팔에서 가족들이 방문한 것이었는데 네팔에서는 꽤 엘리트들이었다. 큰아들인 시암은 레지던트, 부친은 대학교수로 UN 개발기구 이집트 자문관으로 파견 근무 중이고, 여성들은 조류 학자, 방송국 PD, 교육감이었다. 그들로부터 이

대사관 가족들과 함께

집트 정부의 부정부패와 난맥상에 관한 이야기를 들었다. 관료들의 부패로 희망이 없는 나라라며, 곧 아프리카의 다른 나라 자문관으로 신청해 떠날 예정이라고 했다.

우리가 여행을 다녀온 후 얼마 지나지 않아 이집트에서는 반정부 시위가 일어나 유혈 사태로 번졌고, 결국 1년 후인 2011년 무라바크 정권이 붕괴되었다. 이후 몇 년 동안 이집트 여행이 금지되었으니 우리는 운이 참 좋았던 거 같다. 그날 우리는 우리나라의 반기문 총장에 관한 이야기까지 즐겁게 나누었고, 함께 여행하며 더욱 친해지게 되었다. 특히 딸아이가 또래 소년인 미얀차리와 친해져 함께 사진도 찍고 장난도 치는 모습에서 아이들은 언어가 안 통해도 정말 잘 소통한다는 걸 새삼 깨달았다. 여성 차별이 존재하는 네팔에서는 절대 있을 수 없는 딸아이의 (친구에게 헤드락을 거는) 장난에 그쪽 가족들이 당황해하면서도 재미있어했다.

오후에는 악어 신 세베크와 독수리 신인 하로에리스를 모시는 콤 옴보 신전으로 이동하였다. 이곳은 한 신전에서 두 신을 섬기는 유일한 신전이다. 우리를 안내했던 가이드 안라의 영어 발음이 너무 독특해서 알아들을 수가 없을 정도였는데, 아내는 이런 영어도 잘 알아들어야 영어가 많이 는나며 아이들에게 가이드의 말에 귀 기울여 듣고 엄마에게 가이드의 말을 통역하게 하였다. 여행하며 역사와 영어 공부를 시키는 아내의 모습에서 한국 엄마들의 교육열과 그걸 또 해내는 아이들이 대단하고도 귀여웠다. 참고로 이집트는 여행 시 반드시 현지인 가이드를 써야 한다.

배로 돌아온 후 네팔 가족과 함께 저녁 식사를 하였다. 술을 거의 못하는 아내는 분위기 맞춘다고 마신 와인 한 잔에 취해 어지럽다고 포크에 지탱해 중심을 잡는 모습에 아이들이 박장대소하던 장면은 지금도 가끔 미소 짓게 한다.

이후 카이로에서 네팔 대사 부부의 특별 초대로 대사관 만찬 모임에서 네팔 가족을 다시 만나게 되었다. 대사관 만찬이라 저녁도 굶으며 기대했는데 아주 조촐한 식사를 보고 경제적으로 많이 낙후된 나라임을 실감하기도 하였다. 그들은 우리나라의 경제 성장을 무척 부러워하였다.

꽃미남 가이드 미나

27일인 다음 날 네팔 가족은 4시에 아부심벨로 떠났다. 크루즈를 떠나기 전 아이들이 아쉬워하며 시암 가족에게 선물을 남기자고 하여 신라면과 매직 물티슈 등을 계산대에 맡기고 우리는 아스완댐과 필레 신전으로 향했다. 이곳을 가이드해 줄 청년은 미나라는 이름의 꽃미남이었다. 미나는 프랑스어와 영어가 모두 능통했고, 알라와는 수준과 차원이 달랐다. 발음도 좋고 친절했으며 준비도 철저했다. 아내가 특히 마음에 들어 했다. 미나는 자기 나라는 조상 덕으로 먹고사는 나라라며 아스완댐을 이용한 전기 수출과 수에즈 운하 통행료 그리고 관광 산업에 의존하고 있다고 했다. 또한, 무라바크 일족들이 기업을 거의 독점하고 있어 경제가 엉망이라 대학을 졸업해도 직장이 별로 없는데, 불어가 가능한 가이드는 나름 수입이 괜찮은 직업이라고 하였다.

미나는 오벨리스크 채석장으로 우리를 안내했다. 오벨리스크를 만들 때 사용하는 돌은 아스완에만 있다고 한다. 채석장에는 이집트에서 가장 큰 오벨리스크가 될뻔(?)한 미완성 오벨리스크도 있었다. 하트셉수트를 위한 것으로 길이는 42m나 되었으며, 만드는 도중에 금이 가서 중단했다고 한다. 채석장을 나와 아스완댐과 하이댐을 방문하였다. 하이댐 건설로 생긴 나세르 호수는 세계에서 가장 큰데, 이름의 유래는 프로젝트를 계획한 대통령 나세르의 이름으로 명명했다고 한다. 이후 아스완댐만으로는 범람을 막기 힘들었기 때문에 하이댐을 추가로 건설했다고 한다.

  끝없는 나세르 호수를 따라 차를 타고 15분 정도 달려 선착장에 도착한 뒤 보트를 타고 필레 신전이 있는 아길리카섬으로 이동하였다. 필레 신전은 원래 필레섬에 위치했는데 아스완댐 공사로 인해 3분의 1이 물에 잠겨 있다가 이후 하이댐 건설로 인해 다시 완전하 수몰되어 150m 북쪽에 위치한 이곳으로 옮겨왔다고 한다. 필레 신전의 이시스 신전은 이집트 여신 이시스를 숭배하기 위한 신전으로, 독특하게 로마 제국 시대의 로마인들도 숭배하던 여신이라고 한다. 섬의 하토르 여신전과 트라야누스의 정자등을 둘러본 뒤 시내로 이동하여 유명한 전통 파피루스 공장을 방문하여 제작 과정을 견학하였다. 가격은 시장 제품의 10배 정도 비싸지만, 아내의 노련한 흥정으로 비교적 싼 가격에 마음에 드는 파피루스를 구입할 수 있었다. 파피루스 공장 견학을 마친 후 누비안 전통 음식점을 방문하였다. 풍광이 무척 아름다운 식당으로 특이하게 우리나라의 뚝배기 같은

용기를 사용하여 요리하는데, 우리 입맛에 딱 맞았다.

　아스완 관광 후에는 기차를 이용해 룩소르로 이동하였다. 이곳에서 가이드인 미나와 헤어져야 해서 무척 아쉬웠다. 훌륭한 자질을 가진 젊은이가 나라를 잘못 만나 고생하는 게 안타까웠다. 아내가 미나에게 팁을 두둑하게 챙겨 주며 수고한 것에 대해 고마운 마음을 전하고 덕담도 해 주었다. 미나가 감동하며 무척 고마워하였다. 아쉬운 이별을 한 뒤 아스완에서 기차로 3시간을 달려 밤 9시 20분에 룩소르의 숙소에 도착하였다.

신전에서 이집트의 고대 왕들을 만나다

　28일 오후 이집트에서 가장 큰 신전이라는 카르나크 신전으로 갔다. 사진 찍느라 정신없던 차에 가이드와 딸아이가 사라졌다. 가이드와 전화도 안 되어 정말 천당과 지옥을 오갔다. 다행히 오벨리스크(관광하기 전에 관광객이 많아 혹시라도 가족들과 헤어지게 되면 오벨리스크에서 만나자고 약속했었다) 쪽으로 딸아이

카르나크 신전

가 오다가 가이드를 만났고, 마침 큰아이가 딸아이를 발견해서 가슴을 쓸어내렸다.

카르나크 신전에서 나와 멤논 신상과 아멘호텝 신전, 하트셉수트 여왕의 장제전을 둘러본 뒤 룩소르에서의 마지막 행선지인 왕가의 계곡으로 향했다. 나일강의 서쪽은 죽은 이의 도시로 유명한 거대한 계곡으로 왕과 여왕, 귀족들의 무덤이 있는 곳이다. 잘 보이지 않는 계곡에 무덤을 만들어 도굴을 피하고자 하였다고 한다. 이곳의 투탕카멘 왕릉과 람세스 3세 왕릉은 아름다운 채색이 그대로 남아 있을 정도로 잘 보존되어 있었다.

왕가의 계곡을 나와 저녁에 룩소르 신전에 도착하였다. 조명에 비친 신전의 야경은 환상적이었다. 이로써 나일강 크루즈 구간인 룩소르에서 아스완 구간의 여정을 마무리하였다. 비록 2박 3일의 짧은 크루즈여행이었지만, 과거와 현재를 오가는 시간 여행으로 지금까지도 가장 특별하고 소중한 추억으로 남아 있다.

크루즈여행 후 이집트와의 만남

홍해에서의 스킨스쿠버

룩소르에서의 일정을 마치고 우리는 4시간 동안 사막을 가로질러 달려 세계 3대 스킨스쿠버 포인트인 홍해의 후루가다에 도착했다. 1박 2일간 스킨스쿠버를 체험하기 위해서였다. 우리 가족은 스킨스쿠버를 하는 동안 아쉽게도 돌고래를 보지는

못했지만, 희귀 물고기들과 유영하는 신비한 경험을 하였다. 수영을 잘하는 아이들은 수중에서 마우스피스를 벗고 다시 착용하기도 하는 등 빠르게 적응하였다. 반나절만 더 훈련하면 기초 자격증을 딸 수 있었지만, 연말인 31일에 사막 여행을 하기 위해 비행기를 타야 해 아쉽지만 포기해야 했다.

바하리야 흑사막과 백사막, 베두인, 야영

카이로에 도착 후 숙소에 짐을 풀고 바로 4시간 동안 비포장도로를 달려 사막 안에 있는 게스트하우스에 도착하였다. 사막여행을 왔다가 그곳에 반해 현지인과 결혼하여 미도사파리라는 사막여행 가이드를 하는 영선 씨가 운영하는 곳이었다.

2009년의 마지막 날, 백사막에서 본 달은 정말 엄청나게 밝았고 컸다. 가파른 사막의 사구를 달리는 사막에서의 랠리와 모래 썰매는 정말 스릴 넘치고 환상적이었으며 재미있었다. 흑사막은 화산재가 굳어 형성되어 마치 달 표면 같았고, 백사막은 눈이 내린 것 같았다. 중간중간 풍화 작용에 의해 조성된 다양한 모양의 버섯 바위, 닭 바위 등도 정말 인상적이었다. 백사막은 과거에 바다였던 곳이라 석회암이 남아 사막을 형성하여 백사막이 되었다고 한다. 일몰과 일출이 아름다운 백사막에서 우리는 야영을 했다.

다양한 곳에서 온 관광객들과 베두인들이 준비한 베두인식 저녁 만찬은 정말 맛있었다. 캠프파이어를 하고 베두인들의 연주에 맞춰 함께 춤도 추고 노래도 부르며 즐거운 시간을 보냈다. 내가 일어나 춤을 추자 아이들이 부끄러워하였다. 텐트에서 잠을 잘 때는 사막여우가 신발을 물어 갈 수 있으니 텐트 안에 넣어 두라고 하였다. 실재로 새벽에 잠깐 나왔다가 사막여우를 보고 놀랐다. 황량한 사막에서 만난 사막

여우를 보며 어린 왕자가 사막여우와 만난 곳이 (실제 배경은 리비아 사막이었지만) 여기가 아닐까 싶었다. 새해 아침의 사막은 체감 온도가 영하로 엄청 추웠다. 사막은 낮엔 여름, 밤엔 겨울이었다. 사막에서 먹은 컵라면의 맛은 정말 최고였다.

사막에서 카이로로 돌아가는 길에 오아시스와 소금호수도 볼 수 있었다. 소금호수를 이용해서 농장을 운영한다고 했다. 신기했다. 자연은 인간에게는 정말 큰 선물이라는 생각이 들었다.

카이로의 문화 유적 및 시내 관광

마지막 일정은 이집트 여행의 백미라 할 수 있는 피라미드와 스핑크스, 카이로 국립박물관 탐방이었다. 사카라 분묘 유적은 이집트에서 규모가 가장 크며, 그곳의 계단식 피라미드는 세계에서 가장 오래된 피라미드라고 한

다. 우리는 피라미드의 엄청난 크기에 놀랐다. 피라미드 안에서 미라를 만들었던 방도 볼 수 있었는데, 아직도 매캐한 냄새가 기억에 남는다. 다슈르 지역에서는 붉은 피라미드와 굴절 피라미드를 볼 수 있었다. 기자 지구에서는 피라미드 하면 떠오르는 2개의 대표적인 피라미드를 볼 수 있었다. 고대 세계의 7대 불가사의 중 유일하게 원형이 잘 보존된 쿠푸왕의 대피라미드Great Pyramid of Khufu, 카프레 피라미드로 바로 앞에는 스핑크스가 자리하고 있었다.

 카이로 박물관에서 미라를 보며, 사후 세계를 믿는 이집트인들이 만든 미라가 관광객들에게 오픈되는 현실이 삶의 의미를 다시 생각해 보게 하였다. 투탕카멘의 가면도 볼 수 있었는데 투탕카멘 단어를 특이한 억양으로 발음하던 가이드의 발음을 잊을 수 없다.

 기독교의 중심지인 올드 카이로에서는 피난교회, 공중교회, 굽타교회 등 여러 교회를 보았다. 모카탐 지역에 위치한 동굴교회는 콥트교를 나타내는 종교적 벽화로 장식되어 있었는데 특이하게도 노천식 교회였다. 카이로 남동쪽에 위치한 살라딘이 세운 시타델 요새에서는 두 개의 모스크를 볼 수 있었다.

 카이로 시내의 유명한 식당에서는 양고기와 비둘기 고기 요리, 걸레 빵을 먹어 보았다. 국내 관광객들에게 잘 알려진, 없는 게 없다는 조르지 기념품 가게에서는 지인들에게 줄 선물을 구입할 수 있었다. 가게 주인의 후한 인심에 즐거운 쇼핑을 할 수 있었다.

지상 최고의 낙원, 하와이 크루즈

장은아
㈜에스마케팅 커뮤니케이션즈

코스
오아후섬 - 마우이 - 카우아이 - 빅아일랜드

하와이는 사업 때문에 몇 차례 방문했지만, 오아후섬의 리조트에서 휴양을 즐기고 쇼핑하다 보면 다른 여행지와 큰 차이점을 느끼지 못했다. 물론 하와이 사람들의 친절함은 미국 대륙을 여행했을 때와는 비교가 안 될 정도이다.

오아후섬 외의 이웃 섬인 마우리, 카우아이, 빅아일랜드를 방문했을 때, 비로소 하와이의 진정한 매력을 느낄 수 있었다. 하와이를 두 번 이상 방문하는 여행객들이 왜 이웃 섬에도 가는지도 알 수 있었다. 이웃 섬들까지 해서 네 개의 섬을 한꺼번에 일주할 수 있는 가장 좋은 방법은 바로 노르웨이지안의 프라이드 오브 아메리카호를 이용하는 것이다.

프라이드 오브 아메리카호는 매주 토요일 저녁 7시에 오아후섬을 출발하기 때문에 한국에서 토요일에 출발하면 하와이 크루즈를 이용할 수 있다.

유럽 지중해, 알래스카 크루즈는 선박들의 일정들이 바뀌고, 출발 일정에 따라 항공편을 맞추기가 어려워 대부분 하루나 이틀 먼저 도착하여 해당 국가의 크루즈 포트로 가야 하기에 별도로 스케줄을 챙겨야 한다. 하지만, 하와이 크루즈는 이러한 번거로움 없이 도착하는 날 바로 크루즈에 승선할 수 있어서 번거로운 걸 싫어하는 여행객들에게는 안성맞춤이다.

꿈의 휴양지, 하와이

인천공항을 출발하는 대한항공이 오전 10시~12시 사이에 하와이에 도착하는지라, 입국 수속을 마치고 간단히 점심 식사 후 택시로 이동하면 15분 거리에 제2 선착장(Port of Honolulu: 521 Ala Moana Boulevard Honolulu, Hawaii Pier 2 Cruise Terminal)이 있어서 크루즈에 바로 탑승해도 된다.

객실에 들어가면 선상신문이 놓여 있다. 당일이나 그다음 날 엔터테인먼트 스케줄, 레스토랑 안내 등이 나와 있다. 객실의 TV 모니터를 통해서도 선내의 스케줄을 확인할 수 있다. 그 당시의 선상신문을 갖고 오지 않아 NCL의 다른 배이긴 하나 선상신문들이 같은 형식으로 되어 있어서, 참고로 사진을 공유한다.

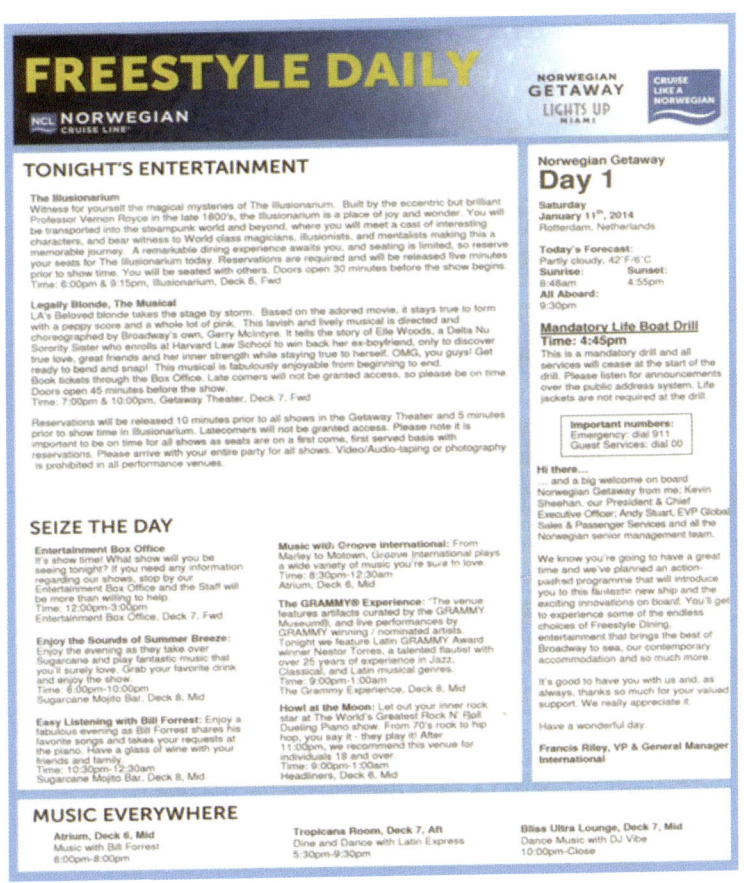

저녁 식사 후, 첫날부터 일루셔너리즘 일명 매직쇼 관람을 했다. 마술사가 바로 내 눈앞에서 눈동자만 움직여 의자를 들어올리고, 손님들이 뽑은 숫자 알아 맞추기 등의 마술을 보여 주었다. 마술쇼는 영어로 공연하지만,

영어를 모르는 사람들도 얼마든지 즐길 수 있다. 크루즈에서 제공하는 쇼, 엔터테인먼트는 가급적 모두 즐기라고 권하고 싶다.

프라이드 오브 아메리카호의 또 하나의 큰 특징이며 장점은 7일간의 크루즈 일정으로 4개 섬을 모두 볼 수 있고, 마우이, 카우아이에서는 밤새 정박하기 때문에 시간에 쫓기지 않고 렌터카로 이웃 섬들을 자유롭게 구경할 수 있다는 점이다.

일자	도시명	도착	출발
Day 1	호놀룰루, 오아후		19:00
Day 2	카훌루이, 마우이	08:00	Overnight
Day 3	카훌루이, 마우이		18:00
Day 4	힐로	08:00	18:00
Day 5	코나	07:00	17:30
Day 6	나윌리윌리, 카우아이	10:00	Overnight
Day 7	나윌리윌리, 카우아이		14:00
Day 8	호놀룰루, 오아후	07:00	

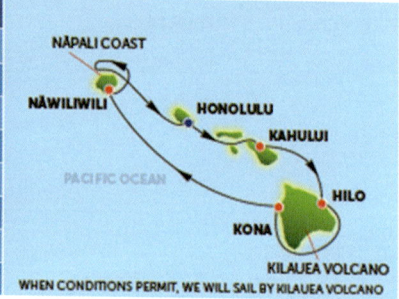

천혜의 자연, 마우이

둘째 날, 마우이에 도착했던 날을 잊을 수가 없다. 아침에 일어나 선상에서 평화로운 마우이 항구 모습을 보며 브런치를 했는데, 더할나위 없이 여유롭고 평화로운 시간이었다.

우리는 기항지를 따로 예약하지 않고, 렌터카를 이용해서 마우이섬의 어트렉션에 직접 운전해서 즐기기로 했다. 세상 좋아졌다고 느낀 것은 렌터카 이용 시 한국어 내비게이션을 옵션으로 선택해서 한국보다 더 편하게 운전할 수 있었다는 점이다.

마우이에서 기억에 남는 곳은 라하이나 올드타운인데 하와이의 다른 곳

들도 마찬가지이지만 정말 그림같이 아름답고, 공기가 맑아서인지 뷰도 무척 깨끗했다. 마우이에서는 꼭 방문해야 하는 곳으로 적극 추천한다.

　드라이브를 마친 후, 선박으로 다시 들어오면서 터미널 가까이에 있는 마트에서 우리가 좋아하는 맥주를 샀는데, 크루즈 간이 세관에서 알코올은 반입 금지라며 보관해 두었다가 하선할 때 찾아가라고 한다. 크루즈를 호텔처럼 착각해서 벌어진 일이었다.

셋째 날에 나는 긴급 상황으로 하선 신청을 하여, 7일간의 전 일정을 마치지는 못했다. 중간 섬에서의 하선은 원칙상 불가능하나, 스터디 투어로 사전에 선사에 승선하기 전에 먼저 허가 받아서 마우이에서 하선 후 호놀룰루를 거쳐 다시 한국으로 귀국했다. 일정을 모두 마무리하지 못한 아쉬움이 너무 커서, 다시 한번 하와이 크루즈여행을 다녀와야겠다.

뉴질랜드 밀포드 사운드 크루즈여행

신동은
나우트레이드 대표

코스
밀포드 사운드 스털링 폭포 외 20여 개 폭포 -
마이티피크 봉우리

약 30년 가까이 한국에서 직장생활을 하면서 비즈니스로, 때로는 순수 여행으로 세계 80여 개 나라를 방문하면서 많은 경험을 했다. 그 당시 여행하면서 경험했던 것들이 내 인생에 가장 소중한 기억으로 남아 있다.

밀포드 사운드 선착장에 있는 리얼저니 크루즈

'무엇이든 할 수 있는 자유, 아무것도 하지 않을 자유'

그동안 여러 나라에서 다양한 형태의 여행을 하면서 가슴에 새긴 가장 좋아하는 문구가 있다. '무엇이든 할 수 있는 자유, 아무것도 하지 않을 자유'이다. 지금도 내가 추구하는 여행의 모토이며, 앞으로 떠날 여행의 패턴이기도 하다. 그러한 의미에서 크루즈여행은 내가 좋아하는 이 문구에 가장 부합한 여행 패턴 중 하나라고 생각한다. 세계에는 여러 지역을 운행하는 다양한 크루즈가 있다. 그중 뉴질랜드 남섬 밀포드 사운드 크루즈는 비록 다른 대륙의 크루즈만큼 규모나 시설, 다양한 액티비티가 다소 떨어질 수 있지만 그래도 나름대로 짧은 시간에 크루즈의 면목을 즐길 수 있다.

사실 나는 밀포드 사운드 크루즈를 매번 서로 다른 회사 크루즈를 이용하여 세 번 경험했다. 보통 리얼저니, 고오렌지, 쥬시 등 세 개의 업체가 있는데, 보급형 패키지는 고오렌지나 쥬시를 이용하고, 풀 패키지 고급형을 원하면 리얼저니를 이용하면 된다. 첫 번째와 두 번째는 회사에서 출장으로, 세 번째는 가족들과 순수 여행으로 승선했다. 뉴질랜드에서 있던 가족들과 마침 그때 뉴질랜드를 방문했던 막내 동생 가족과 같이 크루즈를 즐겼다. 지금 생각해 보면 그때그때 상황에 따라, 같이 여행했던 구성원에 따라 크루즈여행 느낌이 달랐던 것 같다.

처음 크루즈여행 때는 당시 회사 임원들 해외 출장 때 수행원으로 가서 임원들 일정을 챙기느라 크루즈여행의 즐거움을 느낄 겨를이 없었다. 당시에는 그저 북유럽 피요르드 크루즈와 비슷한 풍경이라는 것밖에 기억나지 않는다. 두 번째 방문 때도 당시 당사 '신용카드 우수회원 해외초청 행사' 총괄 진행 요원으로 가다 보니 나만의 크루즈여행을 즐기기가 어려웠다. 그래도 그때는 크루즈 선상에서 다양한 음식과 선상 와인 파티(이런 이벤트는 사전에 크루즈 선사하고 협의해서 진행하면 된다)도 하며 밀포드 사운드 협곡의 아름다움을 느낄 수 있었다.

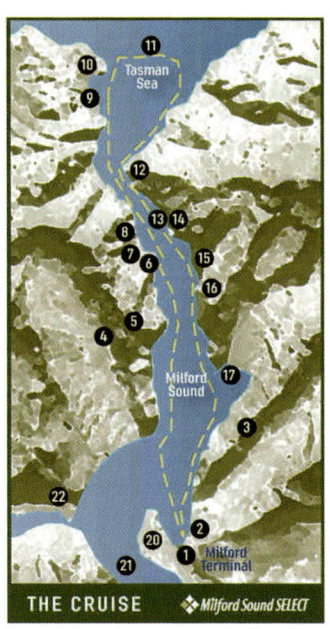

마지막으로 세 번째는 당시 뉴질랜드에 있던 우리 가족과 막냇동생 식구들과 같이 우리들만의 진정한 크루즈여행을 즐길 수 있었다. 나는 그때 가족과 떨어져 살던 '기러기 아빠'였다. 바쁜 회사생활과 함께 집안일도 해야 하는 치열한 삶을 살고 있던 때였다. 어느 순간 문득 이런 생각이 들었다.

'난 지금 무엇을 위해서 이렇게 살아가고 있을까?'

퇴근 후 집에 들어오면 내가 불을 켜고, 다음 날 출근할 때 가스나 전원 스위치를 점검해야 하는 모든 현실이 갑자기 싫어졌다. 무엇보다도 가족이 많이 그리웠다. 그 시절에 주위에서 기러기 아빠를 꿈꾸는 사람들을 극구 말렸던 기억이 있다. 그래서 주위 상사나 동료들의 우려와 부러움 속에 회사에 과감히 1년 휴직계를 내고 뉴질랜드에 가서 모처럼 가족들과 여유롭고 한가로운 시간을 보내고 있을 때였다. 마침 막냇동생 식구가 조카들 여름방학 때 뉴질랜드에 왔다. 그때 내가 다같이 남섬까지 가서 밀포드 사운드 크루즈여행을 하자고 제안했다.

  한국에서 이 크루즈를 이용하기 위해서는 일단 북섬 오클랜드를 거쳐 국내선을 이용하여 크라이스처치까지 와서, 다시 육로로 퀸스타운까지 이동하여 거기서 또다시 4시간 이상 차로 밀포드 사운드까지 가야 한다. 이러한 수고로움에도 불구하고 막상 크루즈를 탔을 때 혹자는 실망할 수도 있다. 모든 여행이 그렇지만 이 크루즈여행은 특히 날씨에 따라서 여행의 만족도가 많이 달라진다. 밀포드 사운드 지역은 온대 우림 지대에 위치하며 산들에 둘러싸이고 바다에 접해 있어 대체로 날씨의 변화가 심하다. 이 지역은 1년에 약 7,000mm 정도의 비가 내릴 정도로 세계 최고 강우량 지역 중의 하나이다. 따라서 화창한 날씨에 크루즈여행을 할 수 있다면 좋겠지만, 개인적으로는 비가 살살 내리거나 조금 흐린 날씨가 더욱 운치 있고 몽환적인 밀포드 사운드의 속살 풍경을 볼 수 있다고 생각한다.

북유럽의 피요르드 빙하 협곡과 스위스 알프스 산맥의 산들의 조합, 밀포드 사운드

보통 밀포드 사운드는 북유럽의 피요르드 빙하 협곡과 스위스 알프스 산맥의 산들의 조합이라고 한다. 기항지에서 출발하여 멀리 바다로 이동하면 바로 바다와 어우러진 웅장한 협곡 모습에 놀라게 된다. 또한, 멀리 만년설 마운틴 쿡의 모습에 한 번 더 감탄한다. 특히 이 크루즈여행 중에는 스털링 폭포를 포함해서 약 20여 개의 폭포를 볼 수 있는데, 비오는 날이나 다소 흐린 날에 보면 훨씬 웅장한 자태의 폭포를 볼 수 있으며, 좀 더 용기를 내면 뱃머리에서 폭포의 낙수를 맞는 행운을 누릴 수도 있다. 브라질 이과수 폭포에서 '악마의 입'으로 들어가는 것과는 다소 다른 체험이다. 보통 한국 여행객들은 크루즈여행 중에도 실내에서 나오지 않고 안에서만 보는 경향이 많은데, 가능하다면 아니 무조건 나와서 밀포드 사운드의 매력을 느끼고, 폭포수를 과감히 맞아 보라고 추천한다. 나도 처음과 두 번째 크루즈여행에서는 여러 핑계를 대며 주로 안에서만 구경했는데, 세 번째는 나와서 보니 물개바위에서 휴식을 취하는 물개들도 볼 수 있었고, 운 좋게 돌고

스털링 폭포에서 폭포수를 맞다.

래 떼도 볼 수 있었다.

특히 세계 여러 나라에서 온 관광객들과 같이 스털링 폭포Stirling Falls 밑에서 즐거운 함성을 지르며 폭포수 마사지를 하였던 것이 가장 기억에 남는다. 또다시 가서 폭포수를 맞고 싶다. 스털링 폭포는 이 지역을 방문했던 스털링 선장의 이름을 딴 것으로, 밀포드 사운드 북쪽 측면에서 바다로 바로

떨어지는 151m의 폭포이다. 또한, 1만 2천 년 전에 빙하에 의해 거의 수직으로 깎인 피요르드 지형을 지나가다 보면 밀포드 사운드의 상징인 마이티 피크 봉우리가 있는데, 1,710m 정도의 웅장한 절벽으로 이 봉우리 아래의 물 깊이는 무려 265m나 된다고 한다. 그 뒤에 멀리 태즈만 해협과 만년설의 조화는 가히 신의 영역으로 들어가는 착각을 일으킬 정도이다.

한국에서 살다 보면 형제간이라도 서로 일하느라 바빠 여유롭게 이야기할 기회가 많지 않다. 가족들 행사에 잠시 모여 식사나 하고 헤어지는 경우가 대부분이고, 온 가족이 함께 여행하기는 쉽지 않다. 그래서 동생 가족과 우리 가족이 함께 먼 이국에서 여유롭게 여행하는 것은 나름대로 의미도 있고, 그동안 하지 못한 이야기를 솔직하게 할 수 있어 더 좋았다. 다른 나라 크루즈와는 달리 내부에 다양한 시설이나 액티비티할 것은 많지 않았지만, 그래도 여유롭게 식사와 함께 와인 한잔하는 기분은 최고였다. 아들이 초등학교 때부터 뉴질랜드에 와 있다 보니 조카들끼리 만나기도 힘들었는데, 이번 기회에 서로를 알아가고 가족애를 느끼는 모습을 보니 흐뭇했다. 어른들과는 다르게 모두 외향적이고, 도전하는 것을 좋아하여 여행 내내 선상에서 즐겁게 노는 모습도 보기 좋았다.

앞에서도 말했듯이 밀포드 사운드 크루즈는 다른 나라의 대형 크루즈처럼 장기간 여러 기항지를 거쳐가는 코스가 아니다 보니 각 기항지에서 만끽하는 관광이나 기념품 구입 같은 소소한 재미는 없다. 그래도 본인의 선택에 따라 만족도는 다르다고 생각한다. 전에 해외 크루즈여행을 하다 보면 세계 어디서나 한국 사람들은 대부분 같은 장소에서 끼리끼리 모여 대화하고, 각종 시설이나 액티비티를 이용하기보다는 캐빈 안에서의 생활을 더 선호하는 듯했다. 물론 언어 장벽의 어려움도 있지만. 한국 사람들은 남의 시선을 너무 의식하다 보니 가끔은 무의미한 크루즈여행을 하지 않나 싶다.

밀포드 사운드 크루즈에서도 우리는 여러 나라에서 온 관광객뿐만 아니라 뉴질랜드 로컬 사람들을 많이 볼 수 있었다. 다 같은 목적으로 크루즈에 승선한 것이기 때문에 국적을 떠나서 다 같이 즐거워하며 금방 친해질 수 있었다. 남녀노소를 떠나 서로 담소하며 사진도 같이 찍고, 폭포수도 같이 맞다 보면 크루즈의 묘미가 배가된다. 특히 뉴질랜드 원주민(마오리족)과 뉴질랜드 유럽 이민자(키위)들은 성향이 순하고 친절해서 바로 친구가 될 수 있다. 지금도 여러 나라 사람들과 같이 우리 가족 모두 폭포수를 맞고 즐거워했던 기억이 눈에 선하다. 그 와중에도 사진을 찍어 달라고 했던 천진난만한 어느 소녀가 특히 생각난다.

보통은 당일 코스로 이 크루즈를 이용하지만, 시간이 허락한다면 1박 2일 코스를 추천한다. 나도 아직은 가 보지 못한 코스이지만, 다음에 기회가 되면 꼭 가 보고 싶다. 이 코스의 장점은 시간이 넉넉하여 여유롭게 밀포드 사운드를 감상할 수 있고, 다음 날 아침 피요르드에서 맞이하는 일출 광경은 평생 잊지 못할 장관이라고 한다. 또 하나는 크루즈하는 동안에 근처 협곡에서 카약이나 보트투어를 할 수 있다는 점이다. 그 외에 선내 숙박 시설이나 식사 등은 다른 나라 크루즈와 대동소이하나 아무래도 목축업이 발달한 나라이다 보니 양고기나 소고기가 신선하고 맛이 좋을 듯하다.

기타 자세한 사항은 밀포드 사운드 하룻밤 크루즈|밀포드 마리너| 레알NZ(realnz.com)를 참조하기 바란다.

회사에서 단체로 임직원이나 고객 행사를 계획하고 있다면 사전에 크루즈 선사하고 협의하여 특별한 식사와 와인을 겸비한, 기억에 남을만한 만찬 크루즈도 즐길 수 있을 것이다. 임직원들에게는 애사심 고취 및 사기 진작을 도모하고, 고객들에게는 잊지 못할 추억을 제공하여 궁극적으로는 회사 브랜드 로열티 제고에 기여하리라 본다.

한국에서 뉴질랜드 남섬에 있는 밀포드 사운드 크루즈를 가는 길은 참으로 멀고, 긴 시간 동안 이동해야 하는 수고로

움이 따른다. 보통 뉴질랜드 북섬에서 국내선으로 이동하거나 호주에서 국제선으로 가는 방법이 있지만, 여하튼 먼 거리임은 틀림없다. 그래서 보통은 크라이스처치(영국인 전세계 영연방 나라 도시 중 가장 영국답다고 해서 영국인들이 가장 좋아하는 도시)나 퀸스타운(산과 호수가 어우러져 아름다운 남반구 천국의 도시)에서 숙박하며 관광과 휴식을 한 뒤 이동하는 것이 좋다. 비록 이동 시간이 길어도 주위에 아름다운 풍경을 보면서 이동하다 보면 전혀 지루하지 않다. 또한, 가는 곳마다 우연히 마주치는 순박한 현지인들과 간단한 대화를 나누는 것도 나름 재미를 더한다. 대부분의 뉴질랜드인들은 심성이 착해서 이방인들과도 금방 친해진다.

 밀포드 사운드에는 세계에서 가장 유명한 3대 트레킹 코스 중 두 곳이 있다. 밀포드 사운드 트레킹과 루트만 트레킹 코스이다. 기회가 된다면 크루즈에 이어 트레킹도 해보기를 강력 추천한다. 밀포드 사운드 트레킹은 세계에서 사장 아름다운 트레킹 코스이다. 뉴질랜드 특유의 자연보호 정책에 따라, 하루 90명(일반 트레커 40명, 가이드 트레커 50명)만 입산할 수 있도록 제한할 정도로 아름다운 풍경이 보호되고 있는 곳이다.

 밀포드 사운드 크루즈는 승선을 위해서 가는 길 중간중간에 아름다운 도시에서 한가롭게 즐길 수 있으며, 승선 후 단시간에 남반구 대자연의 웅장함을 느낄 수 있고, 현지인들뿐만 아니라 세계 여러 나라 사람들과 스스럼없이 웃고 즐기기에는 아주 좋은 여행이라 생각한다.

아름다운 섬들의 풍경

아름다운 자태를 뽐내면서 우리에게 작별 인사를 하고 있었다.

동남아 크루즈여행

김성일
법무법인 사무장

코스
홍콩 - 하노이(하롱베이) - 다낭 - 호치민 -
방콕(램차방) - 싱가포르

출발 전

2019. 12. 4. 아버지가 뇌출혈로 쓰러지고 응급실과 중환자실에 계시는 동안, 오래전에 예약한 크루즈여행을 가야 할지 쉽게 결정하지 못하고 있었다. 내가 크루즈여행을 같이 가자고 했던 친구 대성이 부부가 있었고, 친하게 지내며 배울 점도 많은 형 스티븐과 룸메이트여서 나만 빠지기가 어려웠다. 다른 크루즈여행에 비하여 단출한 4명만의 여행이었다. 룸메이트 형은 어머니가 치매로 요양병원에 계시고, 친구 대성의 아내도 아버지가 말기암으로 위중한 가운데 불편하고 미안한 마음을 지닌 채 여행하기로 결정하였다. 나도 가족들의 양해를 구하고 여행을 가기로 했다.

야경이 아름다운 홍콩

2019. 12. 07. 홍콩 국제공항에 도착하여 택시로 빅토리아 항구Victoria Harbour 근처에 있는 오션센터 쇼핑몰로 이동하였다. 소문으로만 듣던 홍콩의 밤이 궁금했다. 그러나 홍콩은 중국 반환 이후 민주화의 열망이 우산 혁명으로 표출되고 있던 시절이라 매스컴에서 연일 시위하는 홍콩의 모습이 노출되고 있었다.

홍콩에 정박하는 동안, 크루즈선 내에서도 홍콩의 시내나 시위 현장은 피하고, 각별히 주의해야 한다는 안내 방송이 있었다. 룸메이트는 전에 홍콩에서 수년간 근무했던 적이 있어서 홍콩이 친숙한 사람이었다. 룸메이트가 예전 동료들과 약속이 있어서 나도 같이 동행했다.

염려와는 다르게 시내 쇼핑센터는 평온하였다. 약속 장소였던 중식당 '헥사HEXA'를 찾아가서 즐거운 담소와 맛있는 음식을 먹고 헤어졌다. 우리는 카이탁 크루즈 터미널Kai Tak Cruise Terminal 공원으로 이동했다.

우리를 기다리던 크루즈에 올라 탑승 절차를 거치고, 잠시 쉬다 보니 말로만 듣던 홍콩의 아름다운 야경이 펼쳐졌다. 이 크루즈는 과거에 밴쿠버에서 태평양을 건너 일본으로 갈 때 15박 16일을 이용한 적이 있는 배여서 익숙하고 편안했다. 홍콩에서 1박 하고 다음 날 저녁에 출발하기로 되어 있어서 룸메이트는 친구들 만나러 다시 나가고, 나는 배에서 홍콩의 야경을 즐기기로 했다.

2019. 12. 08. 친구 대성 부부와 홍콩 시내로 나갔다. 익숙한 스타벅스에서 모닝커피 한 잔을 즐기고, 근처에 있던 레이디스마켓으로 시장 구경하러 갔다. 제법 쓸만한 물건들을 합리적인 가격으로 구매할 수 있었다.

2019. 12. 09. 홍콩을 출항하여 마카오 앞을 지나기 시작했다. 베트남의 '하롱 인터내셔널 크루즈 항구Halong International Cruise Port'로 향하고 있었다. 바다 위에서 하루를 보내며 선상의 문화를 즐기는 시간을 즐겼다. 예전에 탑승한 적이 있어서 승무원이나 공연자 등 낯익은 얼굴들이 많아서 편안함이 느껴졌다.

아름다운 하롱베이 나라, 베트남

2019. 12. 10. 하늘에서 보석을 뿌려 놓은 듯한 하롱베이의 아름다운 섬들이 보이기 시작했다. 베트남의 세관원들이 크루즈에 승선하여 여권 검사 및 출입국 사무를 시작하였다. 항구에 도착한 후 작은 유람선을 타고 하롱베이 섬들의 아름다운 풍광을 구경하는 보트투어를 시작했다. 콰반 플로팅 빌리지를 지나 반환점인 아치형 동굴 앞에서 보트투어를 마쳤다. 장소를 이동하여 2인승 카약을 탔다. 절벽에서 원숭이들이 놀고 있는 모습이 신기하고 귀여워서 시간 가는 줄 모르고 노를 저었더니 어느새 즐거운 카약투어를 끝낼 시간이었다.

다시 이동하여 승솟동굴 탐사를 하였다. 동굴 탐사를 마치고 아름다운 둘레길을 돌아 우리를 기다리는 유람선을 찾아갔다. 새롭고 아름다운 풍경을 보느라 지친 몸을 이끌고 크루즈로 돌아왔다. 바다 위에 던져 놓은 듯

섬들의 풍경은 정말 아름다웠으나 유람선에서 나오는 매연은 옥의 티였다. 돌아다니느라 힘들었는지 오면서 잠깐 잠이 들었다. 룸메이트가 정신 못 차리고 자는 우스꽝스러운 내 모습을 사진으로 남겼다.
 배로 돌아온 후 샤워하고 온탕에 들어가서 몸을 녹이니 이곳이 천국처럼 느껴져 감사한 마음이 절로 들었다. 푹 쉬고 저녁 식사 후 극장에서 가수의 공연을 보고 일찍 잠들었다. 배도 이 항구에서 1박 하고 다음 날 아침에 다음 일정을 향해 출발했다.

 2019. 12. 11. 아침 식사 후 오전에 천천히 출발하는 크루즈 위에서 멀리 보이는 하롱베이의 섬들을 지나가는데 어제와는 다른 친근감을 느꼈다. 섬들은 아름다운 자태를 뽐내면서 우리에게 작별 인사를 하고 있었다.
 다낭에 도착하여 아침 식사를 마치고 시내 투어를 나갔다. 드래곤 브릿지 Dragon Bridge 옆에 있는 '참 박물관'을 구경하고, 자전거 마차투어를 시작하였다. 동남아 문화를 박물관에서 직접 보는 경험은 처음이라서 신기했다. 문화재 약탈의 피해를 입은 온전하지 못한 작품을 볼 때는 씁쓸하고 안타까운 마음이 들었다.
 자전거 마차는 자전거 앞에 탈것을 연결하여 만든 관광용이었다. 자전거 마차를 타고 시내를 구경했다. 투어가 끝난 후 팁을 요구했지만, 베트남에서 돈 쓸 일이 없을 것으로 생각하여 환전하지 않아 베트남 화폐가 없었다. 이미 크루즈에서 카드로 비용을 지불했기에 팁을 줄 필요는 없지만, 운전자가 자전거로 애쓰는 모습을 보니 돈이 있으면 주고 싶었다.
 다낭 골프장과 몽고메리 골프장 사이에 있는 깔끔한 뷔페식당으로 이동하여 점심을 먹었다. 돌아오는 길에 오행산 앞쪽에 있는 멋진 조각상들이 있는 기념품 가게에 들러 작품들을 구경했다.

전망 좋은 '픔록비엔 사원'에 도착하여 사진을 찍고 앞에 보이는 바다를 구경하며 대자연 속의 오래된 불교 사찰을 구경하였다. 유명 관광지인지 주차장에 차들이 많았고, 관람객들도 많았다. 입구에는 마치 오사카성과 비슷한 분위기의 성도 있었다. 거대한 와불도 있었는데 시간이 없어 제대로 보지 못하고 성도 구경하지 못한 점이 못내 아쉬웠다.

'다낭교구 성당'으로 이동하여 구경하고 사진도 찍었다. 크지 않은 성

다낭교구 성당

당이어서 짧은 투어를 마치고, '한 시장'을 방문하였다. 현지인과 관광객들이 엄청나게 많고 복잡하여 금방 나왔다. 베트남 화폐도 없는 상태여서 쇼핑은 하지 않았다. 하루종일 긴 투어를 하고 나니 피곤함이 몰려왔다. 우리의 배가 정박한 곳까지 돌아오는 길이 멀게 느껴졌다. 그루즈 전용 항구가 아니어서인지 주변이 황량하고, 한적한 시골 같은 느낌이었다.

2019. 12. 13~15. 배에서 하루를 즐기는 시간을 가졌다. 아침 식사 후 오전에는 헬스장에 가서 운동하고, 배 위를 돌아다녔다. 점심 식사 후에는 수영장에서 수영을 즐겼다. 점심 식사 후 정말 많은 사람이 수영장과 주변의 안락의자에서 쉬는 모습이 보기에 좋았고, 삶의 여유가 느껴졌다. 수영 후 방에 가서 쉬다가 오후 늦게는 사우나에 가서 땀을 빼고 따뜻한 실내 수영장으로 가서 몸을 데우고 나니 거의 저녁 식사 시간이 되었다. 저녁 식사를

태국의 왕궁과 툭툭이

마친 후, 극장에서 공연을 보며 즐거운 시간을 보냈다. 룸메이트와 공연을 본 후, 방으로 배달된 샴페인을 가지고 갑판 위로 갔다. 뷔페에서 챙겨 온 안주와 함께 술잔을 기울이며 즐거운 시간을 보냈다. 술자리를 끝내고는 가는 밤이 아쉬워 밤바다와 별을 보면서 갑판 위를 계속 걸었다.

  15일은 호치민시를 투어하는 프로그램이 있었으나, 나는 피곤하여 그냥 쉬기로 했다. 친구 부부는 호치민시 투어를 나갔고, 나와 룸메이트는 여유롭게 배에서의 시간을 즐겼다.

배낭여행자들의 천국, 태국

  2019. 12. 16. 드디어 배낭여행자들의 천국이라는 태국에 도착했다. 램차방 포트의 NYK 오토 로직스Auto Logistics에 배가 도착헸다. 나중에 확인하니 파타야에서 멀지 않은 곳이었다. 나와 친구 부부는 콜택시를 불러서 태국의 왕궁The Royal Grand Palace으로 향했다. 항구에서 왕궁까지는 상당히 먼 거리였고, 시내에서는 차도 막혀 3시간 만에 도착했다. 방콕 시내로 들어오니 너무 더워서 정신줄이 왔다갔다했다. 왕궁 앞 환전소에서 환전하고 왕궁으로 들어가서 여기저기 구경하며 사진을 찍었다. 유명 관광지라 관

광객들이 정말 많았다. 많은 관람객 틈에서 오후 4시쯤 구경을 마치고, 시원한 빙수를 먹으려고 왕궁 내에 있는 커피숍에 갔는데 더위에 지친 많은 사람이 기다리고 있었다.

왕궁투어를 마친 후, 시원한 음료를 마시고 왕궁 외부에 있는 '툭툭이' 드라이버와 가격을 협상한 후 근처에 있는 대형 쇼핑센터인 아이콘시암 ICONSIAM으로 가서 늦은 점심을 먹었다. 상당히 럭셔리한 건물이라는 느낌이 들었고, 식당도 고급스러웠다. 태국의 고급스러움이 느껴졌다. 식사 후 숙소인 렘브란트 호텔로 이동하였는데, 퇴근 시간이어서인지 교통 체증으로 시간이 많이 걸렸다. 어느 나라나 교통 체증은 피할 수 없다는 걸 느꼈다.

호텔 도착 후 각자의 방에서 샤워하고 잠시 휴식한 후 근처에 있는 오키드 스파 앤 마사지숍에서 아로마 향기와 마사지로 뭉친 근육을 풀었다. 마사지를 받으니 몸이 한결 가벼워졌다. 방콕 시내의 밤거리를 구경하다 '아트박스 야시장'에 구경하러 갔다. 음악 공연을 하는 무대 주변으로 포장마차 같은 작은 식당들이 즐비했다. 우리도 야식 겸 늦은 저녁을 먹을 생각으로 간단한 음식과 맥주를 하나씩 사서 자리 잡았다. 공연을 즐기는 수많은 여행객들의 모습을 보면서 말로만 듣던 방콕의 밤 문화를 체험할 수 있었다.

한국의 오래 전 모습을 보는 것 같았다. 후덥지근한 방콕의 밤 공기 속에서 시원한 맥주를 마시며 즐기다가 숙소로 돌아왔다. 그냥 돌아오기가 아쉬웠지만, 여기저기 시내 구경하면서 숙소로 향했다. 크루즈는 항구에서 1박 하고, 우리는 방콕 시내에서 1박 할 수 있기 때문에 피곤한 몸을 이끌고 장거리 이동을 하지 않아서 좋았다.

2019. 12. 17. 아침에 근처의 식당을 찾아보니 우리 숙소 앞에 있는 마이트리아 호텔Maitria Hotel에 '커피클럽'이란 레스토랑이 있었다. 그곳에서 식사하고 체크아웃을 했다. 언제 다시 올지 모르겠다는 생각이 들었다. 콜택시 기사와 만나기로 한 '빅씨라마4 슈퍼마켓'으로 쇼핑을 가기로 했다. 쇼핑 후 택시 기사를 만나 우리 크루즈가 있는 곳으로 가기로 미리 예약해 두었다. 쇼핑 장소에서 커피 한잔하고 있는데 택시 기사가 사진 한 장을 들고 우리가 맞는지 물었다. 그 넓은 곳에서 전화하기 전에 우리를 바로 찾아낸 것이다. 우리는 쇼핑을 마치고 점심을 먹었고, 기사도 점심을 먹고 와서 주차장에서 출발하여 우리 크루즈로 돌아왔다. 택시 기사도 잘 모르는 장소라 들어가는 입구를 찾지 못해 헤매다가 정박지로 돌아왔다. 돌아와서 크루즈 팀의 공연을 보니 피로가 모두 풀리는 듯했다.

2019. 12. 18. 태국을 출발하여 말레이반도 끝에 있는 싱가포르를 향하여 출발했다. 배는 다시 태국 해협을 타고 계속해서 아래로 향하고 있었다. 하루는 정박지 없이 다시 선상 위에서의 생활을 즐기는 날이었다. 선상의 장식을 보니 크리스마스가 다가옴을 알 수 있었다.

2019. 12. 19. 매일 저녁 식사하러 가던 중에 '시브리즈 듀오Sea Breeze Duo'라는 퍼포먼스팀의 연주를 보곤 했다. 오늘은 영화 음악을 연주하는 날이었는데, '로미오와 줄리엣', '사랑과 영혼' 등을 연주하던 중 "이 곡은 크

루즈에서 금지곡인데…." 하며 '타이타닉'의 주제곡을 조심스럽게 연주하기 시작했다. 음악을 듣던 중 크루즈 내부를 순시하는 선장과 항해사들이 지나갔다. 연주자들은 순간 당황하며 '하필 이 순간에…' 하는 표정을 지었다. 나는 좋은 연주에 그저 심취해서 들었지만, 연주팀의 표정과 상황이 재미있게 느껴졌다. 이 팀은 태평양을 건너는 크루즈를 탔을 때부터 봐왔던 팀이라서 나를 알고 있었고, 내가 동영상을 촬영할 때에는 웃으며 손을 흔들어 주기도 하였다.

크루즈 시브리즈팀 연주자와 함께

강 위의 멋진 투어, 싱가포르

2019. 12. 20. 드디어 최종 목적지인 싱가포르 해협에 도달하여 싱가포르 마리나베이 크루즈센터에 정박했다. 저 멀리 싱가포르의 랜드마크인 '마리나베이샌즈 호텔'이 보인다. 길면서도 짧았던 여행의 마지막 날, 갑판을 돌며 아쉬운 밤을 보냈다. 룸메이트와 선상의 마지막 술잔을 기울이며 다시 만나기로 약속하고 헤어졌다. 룸메이트는 왔던 길을 반대로 돌아가는 크루즈 여정을 다시 시작하기 때문에 선상에서 이별했다.

2019. 12. 21. 정들었던 크루즈 생활을 정리하고 드디어 싱가포르 땅에 첫발을 내딛었다. TV를 통해서 많이 봐서인지 낯설지 않았다. 사람들이 많아서 택시 잡는 와중에 친구 부부가 캐리어 하나를 잃어버린 것도 모른 채

셀레브리티 크루즈

싱가포르 머라이언 동상

싱가포르 수륙양용 덕투어 버스

싱가포르 숙소인 플러튼 호텔

크루즈에서 바라본 싱가포르

나를 위한 최고의 선물 크루즈여행

호텔에 도착했다. 하루 종일 여기저기 열심히 투어하고 놀다가 밤늦게 알게 되었다. 뒤늦게 알고 항구로 찾아가니 다행히도 항구 관리소에서 캐리어를 보관하고 있었다.

우리의 숙소인 '더 플러튼 호텔'은 1928년에 세워진 옛 우체국 건물에 자리하고 있었다. 싱가포르 강의 멋진 야경을 구경하기 좋은 호텔인데. 현지인들의 추천도 많은 곳이었다. 나는 호텔의 중정이 매력적으로 느껴졌다. 크리스마스가 코앞이라 크리스마스트리 장식이 잘 어울렸다. 마리나베이샌즈 호텔을 마주보고 있어서 밤에 마리나베이샌즈 호텔 앞쪽에서 하는 레이저쇼를 구경하기에 아주 좋은 장소였다.

호텔 뒤쪽으로 머라이언 파크가 있으며 머라이언 동상이 있다. 호텔의 앞쪽으로는 카벤나프 다리가 있고 '보트키'가 있으며, 건너편에는 '클락키'가 있어 유람선을 타고 보트투어도 하기 쉬운 장소이다. 유서 깊은 호텔이라서 고전미와 멋스러움도 있어 선택을 잘했다고 생각했다. 카베나프 다리 건너편에는 '아시아문명 박물관', '달하우지 오벨리스크'가 있으며 산책하기에 좋은 장소다.

숙소인 호텔은 항구에서 택시로 가까운 거리에 있어 체크인 후 짐을 맡기고 먼저 머라이언 공원으로 가서 머라이언 동상과 건너편의 마리나베이샌즈 호텔을 바라보면서 싱가포르에 도착했음을 실감했다. 시내를 구경하며 좀 걷다가 '선텍시티 허브'에 도착했다. 싱가포르 투어버스가 있는 정류장을 찾아 싱가포르 투어를 시작했다. 투어버스는 여러 라인 중 옐로우라인과 레드라인을 이용했다. 시간이 넉넉하다면 가고 싶은 곳에서 내려 구경하다가 다시 버스를 이용하면 좀 더 알찬 여행이 될 것이다.

오픈탑 2층 버스의 2층에서 전망을 보면서 투어를 시작했는데 갑작스럽게 비가 와서 난감하기도 했다. 우리는 '무스타파센터'근처에서 내려 여러 잡화용품들이 있는 곳에서 쇼핑했다. 이곳은 다양한 잡화들이 몰려 있어 시간 가는 줄 모르고 구경할 수 있는 잡화 판매센터이다. 단점으로는 사람이 많으나 장소가 협소하여 이동하기 힘들고, 길 찾기가 어렵다는 느낌을 받았다.

   호텔로 돌아와 잠시 쉬다가 저녁은 근처에 있는 '라우 파 삿'에 가서 시원한 맥주와 꼬치 어묵 등 현지 음식을 맛있게 먹었다. 마치 재래시장이나 포장마차 같은 현지인들의 음식 문화를 경험할 수 있었다. 19세기에 건설된 '라우 파 삿' 또는 '텔록 에이어 마켓Telok Ayer Market'은 깊은 인상으로 오랫동안 기억에 남는 곳이었다. 라우 파 삿은 1973년에 천연기념물로 지정된 진정한 싱가포르의 랜드마크이다. 밤 시간을 즐기고 호텔에 돌아오니 밤 11시 30분. 곧 깊은 잠에 들 것 같았는데, 왠지 모르게 잠이 오지 않아 뒤척이다 잠들었다.

   2019. 12. 22. 아침에 눈을 뜨고 "굿모닝, 플러튼 호텔!" 하면서 아침 식사하러 갔다. 식사 후 머라이언 공원을 지나 다시 선텍시티로 가서 오늘은 수륙양용투어버스를 타고 마리나베이를 따라서 강 위의 투어를 하였다. 강에서 바라보는 싱가포르는 새로운 느낌을 주었다. 육상으로 나와 투어를 시작하니 어제와 동선이 겹치는 곳도 있었으나 새로운 코스를 충분히 즐길 수 있었다. 버스투어를 마치고 걸으면서 여기저기 구경하며 호텔로 돌아왔다. 방에서 쉬다가 오후에는 호텔 내의 야외 수영장에서 강과 야외의 멋진 풍경을 보며 수영을 즐겼다.

   저녁이 되어 '보트키' 거리의 음식점들을 구경하다 '씨푸드 레스토랑'에 들어갔다. '보트키'와 '클락키'를 오가는 유람선과 지나다니는 사람들을 구경하고 음식과 맥주를 마시며 즐거운 시간을 보냈다. 친구 부부가 활짝 웃

는 모습을 보니 나도 덩달아 기분이 좋았다. 식사 후 소화도 시킬 겸 싱가포르의 마지막 밤을 걸으면서, 여기저기 구경하고 사진도 찍다가 호텔로 돌아왔다. 마음은 현지의 분위기를 사진에 모두 담고 싶었다.

 방에 돌아온 후 왠지 아쉬운 느낌이 들어서 호텔 내부를 여기저기 구경하다가 루프탑 바를 발견했다. 건너편의 마리나베이샌즈 호텔 앞의 레이저쇼를 볼 수 있는 곳이었는데 전망이 정말 아름다웠고 인상적이었다. 멋진 장소를 알아내어 기분이 좋았다. 이제 방으로 돌아가서 짐을 싸기 시작했다.

 2019. 12. 23. 호텔에서 체크아웃하고 공항까지 가기에 시간이 충분하여 건너편의 '마리나베이샌즈 호텔'을 구경하고 지하에 있는 샌즈 엑스포와 컨벤션 센터의 대형 쇼핑센터를 구경하였다. 마리나샌즈베이 호텔에서 바라본 풍경보다는 플러튼 호텔에서 바라본 풍경이 더 나은 선택이었다는 것을 확인하고 뿌듯했다. 쇼핑센터를 구경한 후 창이공항으로 향했다. 다시 크루즈를 타고 올 날을 기대하며 싱가포르 창이공항을 날아올랐다.

크루즈는 월츠의 제1보와 같다.
첫 번째 내딛는 발은 출발이다.
호흡을 멈추고 홀딩한다.
댄스가 시작된다.

춤추던 크루즈

일본 서해안, 대만 & 오키나와

이용만
스탠다드 정밀전자 대표
전 삼성생명 교육팀 근무

코스 1
부산 - 후쿠오카 - 마이쥬르 - 가나자와 - 히미디 - 부산
코스 2
대만 - 오키나와 - 이시가키 - 미야코지마 - 대만

일본 서해안 크루즈

여행하다 보면 늘 해외에서 근무하는 딸을 떠올리게 된다. 육상 관광도 일정 잡기가 쉽지 않은데, 보름 정도 걸리는 지중해 크루즈는 나서기가 더욱 어려웠다. 망망대해를 떠다니는 여행이리 딘조로울 섯 같기도 했다. 해외 크루즈는 낯설었고, 함께 갈 사람들도 없으며, 가성비도 좀 떨어진다고 생각했다. 그래서 지금까지 크루즈여행은 하지 않았다.

그런데 마침 내가 속한 댄스클럽에서 일본 크루즈여행을 가기로 했다. 5박 6일이라 여행 일정도 적당했다. 모처럼 기획한 행사에 회원들 모두 들뜬 마음으로 참가했다. 함께 가는 일행은 부부 열 커플이다. 춤추는 걸 즐기는 댄스 동호회 멤버들이라 크루즈여행에 거는 기대가 남다르다. 그동안 익힌 댄스 실력을 보여줄 절호의 찬스라 설레는 마음으로 여행 준비를 했다.

우리가 타고 갈 배는 이탈리아 선사 '코스타 네오 로만티카'호다. 12층 높

이에 전장 221m. 무게 57,000톤급의 크루즈다. 탑승객 1,800명. 승무원 622명이 함께 승선하며, 숙박 시설은 물론 다양한 오락 시설이 갖춰져 있다. 일본 서해안을 북상하며 네 곳의 기항지를 들렀다 부산으로 돌아오는 일정이다.

출항지는 부산이었지만, 태풍을 피해 속초에서 출항했다. 크루즈가 항해하는 바닷길이 그리 쉽게 바뀌는 게 신기했다. 승선한 후 영어 안내 방송을 절반만 알아듣고, 예약한 오션뷰 객실로 향했다. 비행기 창문처럼 조그만 창으로 장마철의 찌뿌둥한 바다가 보였다. 개실은 비좁지만 지낼만하다. 배는 주로 한밤중에 이동하고, 눈을 뜨면 새로운 항구에 도착해 있다.

햇빛이 비추는 데도 간간이 비가 내렸다. 한국의 동해와 마주하고 있는 마이쥬르는 일본 해상 자위대의 거점이다. 가나자와는 지난 450년 동안 옛 모습이 보존되어 전통문화와 풍광이 아름답다. 다양한 기항지 프로그램을 쫓아다니고, 야간에는 춤을 추려니 고단하다.

우리 팀은 저녁 식사 후부터 활기가 돈다. 댄스화로 갈아 신고, 보타이에 턱시도를 차려입은 신사들이 무대로 모여들고, 드레스를 입은 부인들도 자리를 잡는다. 그 모습이 마치 정규 공연단 같다. 승선 첫날에는 선장의 환영 파티가 열렸다. 30분간의 댄스 '차차차' 레슨은 우리에겐 너무나 쉽다. 승무원들도 어울려 춤춘다. 우리끼리 체인징파트너하기에도 충분하고, 외국인들도 체인징파트너가 되어 준다. 작고 둥근 무대들이 여러 군데에 있어서 돌아보며 마음껏 즐겼다. 함께 온 댄스 강사에게 지터벅을 배우며 현장 실습까지 하니 시간 가는 줄 모르고 댄스를 즐겼다. 자정이 되어서야 열기를 식히려고 갑판 데크에 올랐다. 손녀와 같이 춤추며 즐거워하던 일본인 할아버지 모습이 참 보기 좋았다. 비가 추적추적 내리는 수영장 옆에서 이야기 꽃을 피웠다. 무심한 배는 적막한 검은 바다에 흰 포말을 헤치고 나아

가고 있었다.

대만 & 오키나와 크루즈

크루즈여행을 또 하고 싶다고 생각하는 중에 3박 4일 대만 & 오키나와 크루즈여행이 눈에 띄었다. 오키나와는 비행기로 가볍게 다녀오고 싶었던 곳이었다. 이번에 탈 배는 미국 선박인 프린세스 크루즈이다. 오키나와와 대만도 가고, 댄스도 즐길 수 있다. 한 달 전에 일본 크루즈를 타 봐서인지 두려움도 없다. 인터넷 예약을 마치고 비행기 티켓도 샀다. 가이드도 없어 미심쩍어하는 아내에게 걱정할 것 없다고 호언장담했다.

타이페이에 도착하여 중심지에 있는 보관소에 짐을 맡겨 놓았다. 은퇴한 봉사자가 길안내까지 해주는데, 약간의 사례조차 극구 거절하니 감동이 더했다. 일부러 우버 택시를 타 보았다. 대만이 더 유연한 경쟁 구조를 갖고 있는 듯하다. 구글 지도를 이용하여 타이페이 이곳저곳을 둘러보았다. 공항철도로는 여객 터미널이 있는 '기룽'까지 1시간 10분 정도 걸린다. 이 크루즈는 원래 상해에서 출발했다. 이미 배에 가득히 승선한 상해 본토인들에 대만인들이 더해졌다. 그냥 모두 중국인이다. 한국 사람은 나와 아내뿐이다.

갖가지 음식이 차려진 뷔페는 그들의 잔칫날 같았다. 그러나 왠지 싸하다. 일본 크루즈 여행 때와는 분위기가 다르다. 댄스를 즐기는 이들이 없다. 분위기를 바꿔 보려고 악단의 연주에 맞춰 아내와 함께 춤을 추었다. 마침 애창곡인 '관타나메라Quantanamera'를 연주한다. 음악에 맞춰 라틴 댄스를 추었다. 3인의 악단도 신이 나서 세 번쯤 반복해서 연주했다.

이제 춤은 그만 추기로 하고, 오키나와 시내 관광에 나섰다. 모두 중국인이라 영이 가이드는 없다. 섬 일주 관광이나 해야겠다. 안내소에 들르니 다행히도 한국어로 표기된 지도가 있다.

성벽과 그 지역의 곳곳을 둘러보면서 오키나와는 원래 대만 땅이 아닌가 하는 생각이 들었다. 갑자기 울릉도가 떠오른다. 일본인들이 다케시마라고 부르는 우리나라 땅, 독도도 가 봐야겠다. 다시는 일본 땅이라고 우기

지 못하도록 다케시마라는 일본 이름을 아예 지워버리고 싶다. 울릉도는 삼국 시대에 우산국으로 불렸는데, 서기 512년 신라 장군 이사부에 의해 우리의 영토가 되었다. 조선 숙종 때의 안정복이 울릉도 섬 주민이 되고자 했던 까닭을 알 듯하다. 거주한다는 의미가 국가 영토와 얼마나 밀접한가를 실감한다.

내일 기항지는 이시가키다. 보나마나 일본 영토인데 왜 중국인들이 많이 찾는가? 이 섬은 대만과 지척에 있다. '대만도 중국 땅이라면 오키나와, 이시가키라는 일본 명칭에 대해 중국 본토인, 대만인 모두 속으로 애통해하는 건 아닐까?'라는 생각이 들었다. 어느덧 이번 여행은 역사 기행으로 바뀌고 있다. 짧은 크루즈여행인데도 즐거웠고, 영감도 얻었으니 족하다.

춤추기 위해 작정하고 떠난 크루즈여행은 반 년 만에 추억이 되었다. 코로나19는 크루즈 산업 전체를 망가뜨렸다. 망망대해 바다 위의 깨끗한 공기 속으로 떠다니던 크루즈가 코로나 바이러스의 온상이 되었다니 아이러니하다. 코로나로 인해 사망자가 속출한 '다이아몬드 프린세스'호가 대표적인 사례. 일본 요코하마 입항이 불허된 채 떠 있어야 했다. 크루즈는 고령자들이 많이 이용한다. 밀폐된 선실과 여러 나라에서 승선한 승객들로 인해 방역이 취약했던 듯하다.

하지만 신개념 크루즈는 잘 정비되어 다시 대양을 누빌 것이다. 나의 크루즈는 이것이 마지막이 아니길 바란다. 손주들과 함께 하는 가족 크루즈 여행에서 나의 춤 실력을 보여 주어야 한다. 크루즈는 월츠의 제1보와 같다. 첫 번째 내딛는 발은 출발이다. 호흡을 멈추고 홀딩한다. 댄스가 시작된다. 지그시 밀어내는 왼발 제1보는 크루즈선이 미끄러지듯 소리도 없이 먼 바다를 향하는 듯하다.

아내는 옆에 있어 줘도 고맙고 든든한 사이다.
앞으로 오래오래 건강하게 함께하길 바란다.

지중해 크루즈 선상에서 아내의 낙상 소식을 듣다

이승도
휴먼포커스 대표, 헤드헌터
전 에릭슨LG 국내사업담당 상무

코스
로마 - 크레타 - 몰타 - 시칠리아 - 나폴리 - 피렌체 -
피사 - 몬테카를로 - 로마

 지중해 크루즈를 타고 첫 기항지를 향해 가고 있는데 한국의 처제로부터 전화가 왔다. 언니가 등산하다가 다리를 다쳐 급히 서울로 가고 있으니 양재역으로 나와 달라고 한다. 난 지금 지중해 한복판에 있는데….
 내가 준비하여 지인들 10명과 함께 크루즈여행 중이었다. 6개월 전에 예약했고, 가장 인기 좋은 동지중해외 서지중해를 동시에 가는 11박 12일 일정인데, 하루만에 내려야 한다니 남감했다. 친구들은 기항지에서 내려 한국에 가면 모든 상황이 끝날 텐데 군이 가야 하느냐며 만류했지만, 아무리 생각해도 가야 할 것 같아 양해를 구하고 떠나기로 했다.
 산토리니에서는 출국 절차를 진행할 수 없어 하선이 불가하고, 다음 기항지인 로데스에서는 내릴 수 있다고 한다. 그러나 그리스 영역인 로데스는 아테네에서 멀리 떨어지 있는 곳으로 터키까지 배로 가면 한 시간 거리이지만, 비행기를 타기 위해 이스탄불로 가는 길은 너무 멀다. 결국 다음 기항지인 아테네까지 가기로 했다. 여행하고 싶은 생각이 들지 않아 일행과는 별도로 로데스에서 내려 항구 근처에서 산책을 했다. 아내가 많이 다쳤을까 봐 마음이 심란했다. 다음 날 아테네에서 내려 한국으로 돌아왔다. 결국 사고 소식을 듣고 3일만에 크루즈선에서 내린 것이다.

아쉬움을 뒤로하고 다시 서울로

이번 여행을 위해 오랫동안 준비했었다. 친구, 후배, 선배, CIO클럽 회원 등이 동행했는데 서로 모르던 사람들이 나의 소개로 알게 된 것이었다. 우리는 크루즈를 타기 이틀 전에 도착하여 로마의 주요 관광지를 둘러보고, 11박 12일 동안 여행한 뒤, 다시 로마로 돌아와 하루 더 머물고 서울로 돌아가는 일정으로 준비했다. 크루즈를 타기 전부터 동행자들끼리 서로 친해졌기에 내가 중간에 귀국해도 함께 관광하는 데는 전혀 문제 없을 것 같았다. 더구나 동행자 중 한 분이 여행 전문가이자 엔터테이너라서 분위기를 잘 이끌어 마음 편히 떠났다. 남은 분들은 크레타, 몰타, 시칠리아, 나폴리, 피렌체, 피사, 몬테카를로를 거쳐 로마로 돌아가는 일정을 즐겁게 여행할 것이다. 모든 지역이 유명한 관광지라 무척 아쉬웠지만. 다음 기회에 다시 오기를 기약하며 발걸음을 옮겼다.

아테네공항에서 기다렸다가 비행기를 타고 이스탄불공항을 경유해서 한국으로 향했다. 이스탄불공항의 로비에서 기다리다 비행기를 탈 즈음 게이트로 이동했는데 거대한 공항 모습에 놀라움을 금치 못했다. 인천공항을 참고하여 만들었다는데 규모 면에서 비교할 수 없을 정도였다. 명품점의 크기와 디자인이 무척 인상적이었고, 대기실과 편의시설이 다양하게 준비되어 있었다. 이스탄불은 예로부터 동양과 서양의 연결 지점으로 모든 대륙

과 지중해를 접해 있기에 항공업계의 중심지가 되기 위해 무리하더라도 제대로 공항을 건설한 것같다.

  솔직히 아내와 통화할 때 그냥 여행하라고 하면 크루즈여행을 계속할지 말지 고민해 보려고 했는데, 언제 오느냐고 물으니 꼭 귀국하라는 말도 들려 고민의 여지가 없었다. 크루즈여행 중에 부모님이 돌아가시면 발인 이후에 도착할 수 있겠다는 생각이 들었다.

  아내의 오른쪽 발목 인대가 끊기고, 발목 위의 뼈가 골절되었기에 고통이 심했을 것이다. 아이들이 아직 어리고 자기들 할 일이 있으니 계속 옆에 있을 수 없기에 결국 내가 옆에 있는 것이 가장 큰 위로가 될 것이다. 수술은 벌써 끝나 회복실에 있겠지만, 오랫동안 준비한 여행을 당장 중단하고 4일간에 걸쳐 돌아오고 있다고 생각하면, 옆에 없더라도 마음이 든든할 것이다.

인천공항에 도착하자마자 집으로 가서 여행 가방을 던져 두고 아내가 입원한 병원으로 달려갔다. 다리는 붕대가 감겨 있었고, 주변 사람과 함께 밝게 웃으며 대화하고 있었다. 아내는 반갑게 맞이해 주었다. 여행 이야기를 하다가 로비 커피숍에서 커피를 함께 마시고, 요구르트를 사서 냉장고에 넣어 두었다. 한 시간쯤 뒤에 아내는 내게 집에 가서 쉬라고 한다. 사실 팔다리 부러진 것은 시간이 해결해 주는 것이니 병원에 있어도 환자라는 생각은 들지 않는다. 주변에 암이나 혈액 관련 질병이 많아서 골절 환자는 심각하게 생각하지도 않는다. 아내는 친구 같아서 사소한 것에 실망하거나 짜증 내지도 않는다. 그냥 옆에 있어 줘도 고맙고 든든한 사이다. 앞으로 오래오래 건강하게 함께하길 바란다.

 아내가 없는 집은 생각보다 크게 불편하지 않았다. 일주일 동안 집에 있으면서 아이들 밥을 챙기는데도 그리 힘들지 않았다. 그동안 아내가 해 준 맛있는 음식이 실은 배달음식이었다는 것을 이제야 알았다. 요리해서 가족들 먹이는 친구들도 많은데, 나에게 시키지 않는 것만으로도 아내에게 고맙다는 생각이 든다. 얼른 회복하여 이번에 중단한 크루즈여행을 함께 가고 싶다.

제1부 꿈의 여행, 크루즈

여행은
나를 위한 최고의 선물이자
미래를 위한 투자이다.
꼭 용기를 내어 여행을 떠나라.

천상의 로얄캐리비안 얼루어호

노미경
세계여행전문가, 여행작가
노작가의아지트 대표

매번 여행 강의할 때마다 꼭 하는 이야기가 있다. "여행은 나를 위한 최고의 선물이자 미래를 위한 투자이다. 돈, 시간, 건강 등 여러 상황이 갖추어져야 여행할 수 있는 게 현실이지만, 그래도 가장 중요한 것은 본인의 강렬한 의지이다. 꼭 용기를 내어 여행을 떠나라."고 말한다.

하지만, 요즘 같은 코로나 시대에 여행을 떠나라는 것은 너무 사치스러운 말인 듯하다. 1년 중 절반 이상 여행다녔던 나에게 코로나로 2년 가까이 발이 묶인 채로 집에만 갇혀 있는 최근의 상황은 참을 수 없는 고통이자 힘든 시간이기도 하다. 언제쯤 코로나 없는 세상에서 편하게 여행다닐 수 있을까?

나는 그동안 세계 150개국 이상의 나라, 수천 곳의 도시를 여행했다. 혼자 떠나는 배낭여행부터, 여행사를 통한 단체 패키지 여행, 목적에 따라 유적지 역사 탐방, 오지 탐험, 순례지 방문, 선진국 성교육 연수, 사막투어, 사파리투어 등 다양한 방법의 여행을 경험해 보았다.

이렇게 다양한 여행 중에서 가장 기억에 남고 행복했던 여행을 꼽으라고 하면 당연히 첫 번째가 크루즈여행이다. 그만큼 크루즈여행이 좋았던 이유는 그동안 배낭여행을 많이 다녔기 때문이다. 배낭여행은 무거운 배낭을 메고 온종일 여기저기 돌아다니다 보니 배고프고, 때로는 위험한 순간을 넘기는 등 고생하는 경우가 정말 많았다. 그에 비해 크루즈여행은 편하고 안락하고, 풍족한 여행으로 정말 다양한 먹을거리, 즐길거리로 인해 무척 행복한 시간을 보낼 수 있었다. 다만, 크루즈여행에 대한 이해도가 떨어지거나 크루즈에서 제공하는 시설을 제대로 활용하지 못한다면, 배 안에 갇힌 지루한 여행이 될 수도 있다. 나의 경험담이 크루즈여행에 대한 이해를 높이고, 크루즈여행을 계획하는 분들에게 도움이 되었으면 한다.

　생전 처음 크루즈를 탔을 때, 그 벅찬 감동과 설렘은 정말 잊을 수가 없다. 크루즈여행이야말로 진정 나를 위한 최고의 선물이라는 말이 딱 어울리는 특별한 경험이었으며, 우아하고 럭셔리한, 정말 꿈에 그리던 여행이었다.

　처음으로 탔던 크루즈는 2001년, 이탈리아 사보나 항구를 출발해서 대서양 카나리아 제도를 돌아보는 코스였다. 이탈리아 선사인 코스타 크루즈였는데 11만 톤급의 아주 웅장하고 멋진 배로 동양 사람은 거의 없고, 대부분 유럽 사람들이었다. 배를 타고 여행하는 내내 매일매일 바뀌는 이벤트와 버라이어티 쇼의 그 화려하고 고급스러움에 반했다. 세상에 이런 여행도 다 있다니, 정말 꿈을 꾸는 듯했다.

　대서양쪽 카나리아제도 크루즈를 시작으로 북유럽, 지중해, 에게해, 캐리비안, 남미 일주 크루즈 등 오션크루즈와 다뉴브강, 론강, 라인강, 리버크루즈까지 다양한 크루즈를 섭렵했다.

　전에는 백발이 성성한 노년에 크루즈여행을 해야 한다고 생각했는데, 막상 직접 타 보니 젊고 건강할 때 경험해야 할 특별한 여행이라는 생각이 든

제1부 꿈의 여행, 크루즈

다. 그 이유는 배 안에서 무료로 즐길 수 있는 모든 시설을 나이가 들어서는 다 이용할 수 없기 때문이다. 젊고 건강할 때 타야 지불한 돈만큼 아깝지 않게 모든 부대시설을 내가 타 본 배 중 가장 크고 럭셔리한 로얄캐리비안 얼루어호를 소개하고자 한다.

'얼루어 오브 더 씨즈Allure of the Seas호'는 세계 최대 크루즈선인 '오아시스 오브 더 씨즈Oasis of the Seas호'와 같은 동급의 선박이다.

얼루어호는 세계적 크루즈 선사인 로열캐리비안이 발주한 선박인데 길이 362m, 폭 47m에 22만 5000톤으로 축구장 3개 반을 이어 붙인 길이이자 아파트 16층 높이의 규모이다. 그야말로 움직이는 작은 마을이다. 워낙 큰 배다 보니 건조 과정 또한 6,000여 명의 인력이 투입됐으며, 참여한 협력사만 900곳에 달한다고 한다. 얼루어호 한 척의 소요 전력량은 약 100MW로 5만 가구가 사용할 수 있는 전력량에 해당한다고 하니 그 규모가 얼마나 거대한지 짐작할 수 있다.

이 크루즈는 2,700개 선실에 승객과 승무원을 포함해 총 7,500여 명을 수용할 수 있는 '바다에 떠다니는 특급 호텔'이라는 애칭을 가지고 있다. 특

세계 최대 크루즈선 로얄캐리비안 얼루어호의 위엄

히 65개국, 2,100여 명에 달하는 승무원을 고용해 전 세계에서 온 관광객들에게 최상의 서비스를 제공하는 세계 최대의 크루즈선이다.

선박 내부에는 혁신적인 디자인과 최첨단 기술을 도입한 135m 길이의 '센트럴 파크'를 설치해 바다 위에 공원을 만들었고, '파크 뷰 객실'에서는 항해 중에도 발코니에서 바다와 공원을 한눈에 볼 수 있게 설계했다. 센트럴 파크는 천장이 개방된 구조로 되어 있어 진짜 공원을 산책하듯이 햇빛을 직접 받을 수 있으며, 산책로 주변에는 다양한 쇼핑 시설과 레스토랑 등이 있어서 산책과 함께 쇼핑 또는 노천카페나 바에서 잠시 쉬면서 차 한 잔의 여유를 즐길 수 있다.

또한, 야외 수영장 형태의 '아쿠아 시어터'에서는 온 가족이 즐길 수 있는 다양한 프로그램과 쇼가 펼쳐지는데, 특히 어린아이들이 가장 좋아하는 곳으로 분수쇼 및 각종 야외공연을 볼 수 있다. 밤이 되면 1,400명을 동시에 수용할 수 있는 대극장이 있는데, 3D 영화뿐만이 아니고 1, 2부로 나뉘어서 다채로운 쇼와 공연이 매일 밤 펼쳐진다.

3,000명이 동시에 식사할 수 있는 대형식당과 뷔페식당, 크고 작은 규모

의 레스토랑에서 다양한 메뉴를 하루에 다섯 끼씩 제공되기 때문에 취향에 맞는 음식을 언제든 선택해서 먹을 수 있다. 최첨단 시설을 갖춰 관광객들에게 다양한 볼거리와 먹거리를 최고의 서비스와 함께 제공한다.

이 배의 가장 중요한 특징은 승객들의 안전을 최우선으로 고려해서 크루즈선 외벽에 최신 구명선 18척과 구조선 2척 등이 갖춰져 있다. 길이 17m의 구명선에는 척당 370명을 수용할 수 있으며, 자체 엔진과 지리정보시스템GPS, 위생시스템 등이 장착되어 있어서 비상시에 안전하게 이용할 수 있다. 또한, 국제 안전 규칙에 따라 선박이 손상되었을 경우에도 자력으로 안전하게 귀항이 가능하도록 최첨단 공법으로 설계되었다.

배를 타고 가장 먼저 해야 할 일은 바로 위급한 상황과 비상시를 대비한 대피 훈련이다 사이렌이 울리면 모든 승객과 승무원은 방 안에 준비된 구명 조끼를 입고 의무적으로 훈련을 받아야 한다. 무엇보다도 안전이 최우선이기 때문이다.

크루즈 내외부 시설들

크루즈에는 다양한 시설들이 있다. 수영장, 썬텐장, 스파, 휘트니스 센터, 마사지실, 미용실, 파도 타기, 농구장, 탁구장, 골프 연습장, 짚라인, 암벽 등

반, 다이빙장, 오락실, 카지노, 대극장, 연회장, 다양한 레스토랑, 바, 카페, 커피숍, 병원 그리고 면세점 및 다양한 쇼핑센터가 각 층별로 있다. 세계 각국의 다양한 음식을 맛볼 수 있고 모든 부대시설을 무료로 이용할 수 있다. 단, 특수한 기구를 이용하거나 위험적인 요소가 필요한 오락물을 이용할 때나, 물건 구입 및 특별 요리, 특별 서비스 케어와 주류는 비용을 지불해야 한다.

크루즈선 안의 중앙로와 내부 시설들

마치 바다 위를 띠다니는 궁진에 온 듯한 착각이 든다. 배 안의 중앙로 및 내부 시설들을 돌아보면서 어느 도심 다운타운 거리 같은 느낌이 든다. 이 중앙로는 항상 많은 사람들로 북적인다. 다양한 쇼핑센터부터 식당 커피숍 병원, 약국, 도서관 등 모든 게 다 있다.

크루즈에서 즐길 수 있는 생생한 문화 체험

　대극장부터 크고 작은 다양한 공연장들이 각 층별로 있다. 뮤지컬 '시카고'를 나는 이 배에서 관람했다. 매일 밤마다 대극장의 공연과 프로그램이 바뀌기 때문에 각자 취향에 맞게 밤 문화를 즐기면 된다.

　매일 새롭게 펼쳐지는 공연을 찾아다니면서 본다는 것 자체가 생생한 문화 체험이다. 이것만으로도 비용이 아깝지 않다는 생각이 든다. 여기에다 댄스가 가능하다면 금상첨화다. 즐거운 크루즈여행이 되기 위해서는 반드시 춤을 미리 배우도록 하자. 왈츠, 탱고, 살사, 차차차, 멜링게, 룸바, 자이브 등 라틴 댄스는 기본이다 춤이야말로 전 세계인이 소통할 수 있고, 합법적으로 손을 잡을 수 있는 무언의 공통 언어라는 생각이 든다. 배에서도 초보자들을 위한 댄스 강습이 있다. 바빠서 미리 배우지 못한 사람들을 위한 교습이니 꼭 배워 보도록 하자.

크루즈선 내의 쇼핑센터

서울 도심에 자리잡은 대형마트가 아니라 바다 위를 떠다니는 초호화 유람선 크루즈선이다. 하지만 상호가 다양하고, 명품부터 각 나라별 상품으로 늘 구경거리가 많다. 가끔씩은 특별 이벤트로 파격 할인 행사를 할 때가 있는데, 정말 좋은 물건을 싸게 구입할 수 있는 절호의 기회이니 놓치지 말자. 할인 행사 정보는 선상신문을 통해서 알 수 있다. 반드시 아침마다 방문 앞에 배달되는 선상신문을 잘 살펴보자. 해 뜨고 지는 시간부터

현재 위치, 기항지 여행 정보와 날씨, 특별 이벤트 행사 등 배에 관한 모든 사항을 이 신문을 통해서 다 알 수 있다. 각종 액세서리 코너부터, 모든 물건들이 다 있다. REGALIA, WILLOW 등 상호 이름만 들어도 럭셔리함과 우아함이 느껴진다.

다양한 공연과 연주

평생의 추억으로 남을 낭만과 환상의 세계 최대 크루즈여행 중 배 안에서 다양한 공연과 연주가 정말 많으니 꼭 즐기도록 하자. 나는 밤마다 가라오케 같은 노래 경연장에서 세계 각국

사람들과 어울려 노래 실력을 뽐내기도 히고, 공연을 보기도 하고, 밤이 깊어지면 내가 좋아하는 댄스 파티장에서 댄스를 좋아하는 사람들과 친구가 되어 라틴댄스나 때론 막춤을 추면서 즐겁고 행복한 시간을 보냈다. 그러다가 가끔씩은 조용히 클래식 연주를 들으며 추억에 젖곤 했다.

크루즈여행은 노인들만을 위한 여행이 아니다

가족 단위 여행객이 많다 보니 아이들부터 청소년, 중장년, 노년들을 위해 연령대별로 즐길 수 다양한 놀이 문화도 많다. 크루즈여행은 나만을 위한 여행이기 때문에, 인생을 살면서 누구라도 한 번쯤은 반드시 사랑하는 사람과 둘만의 오붓한 여행을 꼭 즐겨 보라고 권하고 싶다. 바다 위에 떠 있는 고층빌딩을 연상시키는 세계 최대 크루즈선에의 18층 야외 수영장에서 승객들은 수영과 선탠을 즐길 수 있다.

크루즈선 내에 있는 조깅 코스와 헬스장

도심에 있는 헬스장을 옮겨 놓은 듯한 크루즈선 내에 있는 조깅 코스와 헬스장인데, 항상 많은 사람들로 꽉 차 있다. 나처럼 먹성 좋은 사람에게 크루즈여행은 정말 딱이다. 그야말로 실컷 먹는 것만으로도 본전을 뽑는다. 그런데 문제는 살과의 전쟁이다. 매일 다섯 끼씩 나오는 다양한 음식을 먹느라 급격히 불어나는 체중 때문에 그 다음 날 선장이 주최하는 갈라 파티에 멋진 옷을 입을 수 없는 게 제일 큰 걱정거리였다.

물론 몸에 딱 붙는 멋진 복장으로 며칠간은 디너 만찬에 참석할 수 있었지만, 그것도 3~4일 후에는 모든 옷이 다 작아져서 입을 수가 없었다. 일주일에 2kg씩 불어나는 살과의 전쟁은 정말 피할 수 없는 고통이었다. 그래서 낮에는 기항지 관광을 다녀온 후 야외 수영장에서 수영하고, 아침에는 조깅과 헬스장에서 땀흘려 운동한다. 밤에는 라틴클럽이나 나이트클럽에

서 춤을 추면서 살을 뺐다. 늘 다섯 끼를 먹고, 헬스장이 좀 한가한 시간을 이용해시 열심히 운동하면서 생각난 옷이 바로 한복이었다. 크루즈에서의 복장은 너무도 중요하다 반드시 드레스코드를 맞춰야 격식에서 벗어나지 않는다. 갈라 디너 파티때는 반드시 우아한 드레스를 입어야 하는데 드레스 이외에도 유일하게 파티에 허용되는 드레스코드는 각 나라별 전통의상인데, 이때 한복도 허용된다. 한복은 아무리 먹어도 배를 가려 주기 때문에 크루즈여행의 필수품이다.

크루즈 선상에서 맛볼 수 있는 세계 각국의 다양한 음식들

크루즈여행 중에 배 안에서 가장 행복한 순간으로 먹는 즐거움을 빼놓을 수 없다. 정찬 디너부터 뷔페식당, 카페, 바 어디서든 세계 각국의 다양한 음식을 맘껏 먹을 수 있다.

크루즈 선상 중앙공원 산책로와 카지노

바다 위를 떠다니는 배 안에서 산책도 할 수 있다. 잘 꾸며진 대자연 공원을 그대로 옮겨 놓은 듯한 착각이 든다. 객실 밖에 나서면 마을의 공원을 산책하는 기분이다.

배 안에서 며칠간 계속 있다 보면 지루할 수도 있다. 나는 선내의 모든 부대시설을 이용하며 즐기느라 정신 없었지만, 시간 날 때마다 운동 삼아 배 안의 중앙공원을 산책하면서 쇼핑도 하고, 커피도 마시며 여유롭게 쉴 수 있는 곳이 있어 정말 좋다. 밤이 되면 가끔 카지노에서 잭팟을 꿈꾸며 배팅도 하지만, 단 한 번도 나에게 행운의 알람은 울리지 않았다.

미니골프장과 오락실, 농구장, 탁구장

크루즈선 내에서 여행을 즐기며 골프도 치고 다양한 운동을 하다 보면 하루가 어떻게 가는지도 모르게 금방 시간이 가버린다. 나는 크루즈여행을 하면서 탁구를 배우기 시작했다. 처음 탄 코스타 크루즈 안에서 우연히 독일 사람과 중국 사람이 탁구 시합하는 걸 보게 되었는데 나도 모르게 자연스럽게 동양 사람인 중국인을 응원하면서 탁구가 참 좋은 운동이라는 것을 알게 되었다. 그때부터 탁구를 배우기 시작했는데, 크루즈 탈 때마다 라켓은 필수로 가지고 다닌다. 탁구는 어디서든 누구나 즐길 수 있는 아주 편하고 좋은 운동이다.

지금까지 로얄캐리비안 얼루어호의 내부 시설들을 살펴 보았다. 나를 위한 여행 크루즈, 정말 꿈 같은 여행이다. 포스트코로나 시대가 오면 나는 가장 먼저 크루즈선 발코니 객실에 몸을 맡긴 채 그동안 쌓은 모든 스트레스를 마음껏 먹고 마시고 춤을 추면서 풀고 싶다.

준비가 되었으면
자! 이제 여행을 떠나 보자.

크루즈여행을 즐기기 위한 팁

이종연
여행전문가

　지난주 금요일에 조카가 터키로 떠났다. 조카는 몰타 유학 중에 만난 터키 남자와 3년을 사귀었다. 원래대로라면 작년 5월에 결혼을 했어야 했는데 코로나 때문에 두 번이나 결혼을 미뤘다. 그런데 그마저도 코로나 상황으로 인해 내년 5월로 다시 결혼을 연기한 것이다. 그렇게 2년간 남자친구를 보지 못하다가 다행히 지난주에 얼굴이라도 본다며 터키로 갔다. 2년 동안이나 만나지 못했다면 나는 벌써 그만두었을 텐데, 변하지 않는 둘의 모습을 보면 젊어서 그런지 열정이 넘친다는 생각이 든다.

　가끔 나에게 열정은 얼마만큼의 용량이 남아 있을까 하는 궁금함이 든다. 핸드폰 배터리처럼 용량 확인을 좀 할 수 있었으면 좋겠다. 요즘 가장 많이 듣는 말이 "그 나이에 열정도 넘친다."라는 말이다. 남들 눈엔 내가 그렇게 보이나 보다. 맞다. 나는 열정이 매우 넘친다. 2018년부터 어느 날 내 가슴에 훅 들어온 BTS에 열정적으로 빠져 있기 때문이다.

　코로나 이전엔 세계 곳곳의 순회공연을 쫓아 다녔고, 굿즈를 사 모으느

라 지금도 탕진잼(소소하게 낭비하는 재미)을 진행 중이다. 한 개도 아닌 일곱 개를 사려면 진짜 돈 없이는 팬질도 못하는 연예인이 BTS다.

　출장을 가면 한국의 위상이 BTS 덕분에 많이 올라갔다는 생각을 많이 한다. 그전엔 한국이 유럽에서 그다지 인기 있는 편이 아니었다. 그런데 이젠 분위기가 많이 달라졌다는 걸 느낀다.

　코로나 전에 출장 갈 땐 항상 BTS 포카나 굿즈를 한 보따리씩 챙겨 갔다. 줄 사람도 많고, 달라는 사람들도 너무 많아졌기 때문이다. 한국 굿즈들을 무척이나 좋아한다. 국뽕 유투버들도 넘쳐난다. 마치 우리나라가 세계에서 최고의 민족이 된 듯한 착각에 빠지게 한다. 영화, 드라마, 노래, 춤, 음식, 한글 등 한류 문화로 국민들의 기분을 한껏 날아오르게 한다. 물론 기분 좋은 일인 것만은 확실하다. 하지만 해외에 자주 나가는 나로서는 아직도 우리가 가야 할 길이 멀다고 느낀다.

나를 위한 최고의 선물 크루즈여행

나는 여행전문가로서 유럽 인솔자이다. 그동안 한국에 있는 시간보다 유럽에서 지내는 시간이 더 많았다. 인솔자들이 말하는 유럽 여행의 시작은 지중해이다. 첫 번째 지중해 나라들은 이집트, 그리스, 터키로 분류한다. 그다음이 남유럽인 스페인, 포루투갈, 모로코이다.

그리고 나서 본격적으로 서유럽을 둘러본다. 영국, 프랑스, 스위스 그리고 이탈리아를 메인 4개국이라고 할 수 있다. 일명 여행사에서 분류하는 서유럽 4국 10일 영·프·스·이 상품이다. 손님들이 서유럽 여행을 선택할 때 가장 많이 가는 상품이다. 그중 하이라이트는 역시 이탈리아이다. 10일 일정 중 4일을 이탈리아에서 보낸다.

그다음 가는 선택지는 동유럽.발칸 상품이다. 발칸은 우리에겐 매우 생소한 나라였는데 TV 프로그램 '꽃보다 누나' 크로아티아 편이 큰 인기를 얻고 나자 발 빠르게 여행사에서 상품을 만들었는데 이것이 대박이 났다.

발칸은 반도이다. 그리스, 알바니아, 불가리아, 루마니아, 세르비아, 몬테네그로, 슬로베니아, 크로아티아, 보스니아 헤르체고비나, 마케도니아 등 총 10개국의 나라로 구성되어 있다. 발칸 10개국을 모두 가는 상품이 따로 있기는 하지만, 아직은 동유럽과 발칸을 묶어서 가는 상품이 인기가 많은 편이다. 동유럽에 포함되는 나라로는 오스트리아, 독일, 체코, 헝가리, 폴란드, 슬로바키아 등이 있다.

그리고 마지막은 북유럽을 선택한다. 이것은 여행사 분류 기준이며, 첫 여행지는 사람들마다 차이는 있다. 북유럽이 다른 유럽 투어와 다른 것이 있다면, 두 번의 크루즈가 포함된다는 것이다. 북유럽은 러시아, 북유럽 상품과 북유럽만 가는 상품 2개로 나뉜다. '간 김에 러시아까지 보고 오자.'라고 생각하는 분들이 많은 편이긴 하나 핀란드, 덴마크, 스웨덴, 노르웨이 등 북유럽 4개국만 가는 상품도 꽤나 잘 팔린다.

북유럽 4개국 내해 사이엔 '하얀 바다'라는 뜻을 가진 발틱해가 있다. 그래서 노르웨이에서 스웨덴은 육로로 갈 수 있지만, 다른 나라들은 해상으로 이동할 수밖에 없다.

핀란드 - 스웨덴 구간은 실자라인이 있고, 노르웨이 - 덴마크 구간은 DFDS라는 크루즈를 이용한다. 실자라인은 DFDS보다 규모가 크며, 시설도 약간 차이가 있다. 한국팀이 여름 북유럽 시즌에는 꼭 이용할 수밖에 없는 곳이다. 인솔자로서 오랜 시간 동안 북유럽 크루즈를 이용하면서 느낀 점은 우리가 아직까지는 크루즈를 즐길만한 수준은 아니구나 하는 것이다.

격식에 맞는 의상과 식사 예절

우리는 사람에게 가장 중요한 세 가지를 의식주라고 배웠다. 여기에서 생각해 봐야 할 것은 식 앞에 의가 있다는 사실이다. 이것은 곧 먹는 것보다 옷차림이 중요하다는 의미가 아닐까 생각한다. 옷차림은 그 사람의 첫인상과 경제 수준의 척도 그리고 성격까지도 보여 줄 수 있다. 자리와 상황에 따라 옷차림이 달라지는 건 자명하며, 의상 선택에도 예의가 있다. 상가喪家에 갈 때의 옷차림은 상식적인 선에서 톤이 낮은 의상을 선택한다. 선을 보거

나 파티에 참석할 때에는 최대한 꾸미고 멋지게 입고 나간다. 그런 사실들은 말하지 않아도 모두들 알고 있다.

그럼 여행 의상에 대해 알아 보자. 의상은 내가 어디를 가느냐와 무슨 테마를 가지고 가느냐에 따라 결정된다. 오랜 시간 동안 북유럽 크루즈를 이용하면서 느낀 점은 손님 중 격식에 맞는 의상을 입고 온 사람이 드물다는 점이다. 물론 다른 크루즈와는 다른 점이 있기는 하다.

아무리 패키지 크루즈이지만 그래도 여행 전 손님들에게 크루즈 의상에 대해 안내 문자도 보내고, 전화도 한다. 두 번의 크루즈가 있으니 격식 있는 의상을 한 벌 정도는 준비하라고 말이다. 또한, 식당에서 지켜야 할 매너와 뷔페를 드시는 방법 등도 사전에 미리 설명한다. 와인 잔을 잡는 방법과 음식과 어울리는 와인은 무엇인가에 대해서도 알려 준다.

사실 크루즈를 타기 위해서는 몇 가지 필수로 준비할 것이 있다. 첫 번째가 영어를 할 줄 알아야 한다는 것이다. 그래야 많은 사람과 소통할 수 있다. 영어는 여행의 묘미를 한껏 올려 주는 역할을 한다. 대화가 통하지 않으면 여행의 묘미는 없어질 수밖에 없다. 여행은 외국인 친구들을 많이 사귈 수 있는 절호의 기회이다. 의욕은 앞서서 할말은 많지만, 짧은 영어로 할 수 있는 대화는 한정되어 있다. 바디랭기지나 콩글리쉬도 한계가 있다. 적어도 크루즈를 타기 전부터는 미리 영어를 익힐 필요는 있다. 자신감은 언어에서부터 나오는 것이기 때문이다.

두 번째는 서양 술의 기본인 와인에 대해 어느 정도 기본 지식이 있어야 한다는 것이다. 와인이 익숙하지 않다고 해서 가져온 소주만 마실 수는 없지 않은가. 여행은 배우러 가는 여정이다. 익숙하지 않더라도 조금의 노력으로 여행이 즐거워지면 좋지 않겠는가.

세 번째는 바로 의상 선택이다. 이 부분은 한국 사람들이 조금 어려워하

는 듯하다. 특히나 연세가 있는 분들이 그러하다. 보통 크루즈 승선 후에는 방 배정을 먼저 한다. 그런 다음 저녁 식당의 위치와 정확한 식사 시간 등을 알려 준다. 식사 시간은 팀마다, 상황마다 다르기 때문에 꼭 자신에게 배정된 정확한 시간에 오라고 여러 번 안내하고, 나도 다음 순비를 위하여 방으로 이동한다.

문제는 그다음부터이다. 정해진 시간 훨씬 전에 내려와서 입장시켜 주지 않는다고 직원과 싸우는 분들도 있고, 젖은 머리에 러닝셔츠를 입고 기내에서 가져온 종이 슬리퍼를 신고 선내를 휘젓고 다니시는 분들도 있다.

젊은 분들은 가끔 수면 바지에 구르프를 말고 식사 자리에 오는 분들도 있다. 그럴 때면 정말 민망하다. 치밀어 오르는 말들을 꾹 참고 최대한 기분 상하지 않게 말하려면 정말로 머리가 지끈거린다. 외국인들이 우리가 한국 사람이란 걸 빤히 아는데 그럴 땐 괜히 국가의 위상이 바닥으로 내려앉

기분이 든다. 서빙하는 사람을 부를 때도 손을 들고 "익스큐즈 미."라든가 "헬로."라고 하라고 알려 주어도 적응이 잘 안 되는지 "여기요.", "저기요." 라고 큰소리로 부르는 분들도 있고, 심지어 "어이."라고 하는 분들도 있다.

  자신을 바꾸는 게 쉽지 않다는 걸 이해는 한다. 하지만 최소한의 노력은 필요하다고 생각한다. 우리는 글로벌 시대에 살고 있다. 국가 경제력도 선진국 대열에 들어간 지 오래되었으며, 봉준호 감독의 영화 '기생충'으로 골든 글로브 상도 받고, 방탄소년단으로 인해 수출주도형 국가에서 문화 수출국가로 이미지 변신도 하고 있는 중이다.

  그런 것에 발 맞추어 '한국인' 하면 매너나 에티켓이 훌륭한 국민이라는 이미지에 신경을 좀 더 써 주었으면 한다. 기업만 이미지가 있는 것이 아니다. 국가의 이미지가 훨씬 중요하다.

  3만 5천 개가 넘는 영어 단어를 숫자로 조합했을 때 유일하게 100점이 되는 단어는 '에티튜드'라고 한다. 에티튜드는 자세라는 뜻이다. 모든 조화에는 자세가 꼭 필요하다. 각자의 올바른 자세로 인해 세상은 아름다워진다. 인생을 향기롭고 풍요롭게 해 주는 여행을 떠나기 전 우리는 각자의 자세를 한 번씩 점검해 볼 필요가 있다.

  언어를 공부하는 자세, 미소를 연습하는 자세, 술을 멋지게 마시는 자세, 옷을 세련되게 입는 자세, 준비가 되었으면 자! 이제 여행을 떠나 보자.

제2부

최고의 크루즈여행 팁

이승도
장동익

세계 크루즈 산업 현황

크루즈 관광이란 순수 관광 목적의 선박 여행으로 숙박, 음식, 위락 등 관광객을 위한 시설을 갖추고, 다양한 즐길거리를 제공하면서 역사 도시, 항구 도시, 휴양지, 자연 경관이 뛰어난 관광지를 기항하면서 운항하는 선박 관광으로 정의한다.

인구 고령화, 경제 성장 및 개인 소득의 증가, 해외여행에 대한 인식 변화, 여가 시간의 증가 등으로 레저 산업 가운데 크루즈 관광 산업은 빠른 성장세를 보이고 있다. 크루즈 관광 산업 매출은 연평균 8%의 이상의 성장률을 보이며, 성장 잠재력이 매우 높은 시장으로 주목받고 있다. 전 세계 크루즈 여객 수요는 2,600만 명을 넘었다.

세계 크루즈 관광객의 연평균 증가율은 9.5%로 세계 관광객 연평균 증가율 3.9%보다 월등히 높다. 북미와 유럽이 전체 시장의 70%를 차지하면서 지속적으로 발전해 온 크루즈 산업은 최근 동남아 지역에까지 확산돼 아시아의 시장 점유율이 10%에 이르고 있으며, 특히 아시아 지역은 급속한 경제 성장을 배경으로 관광 산업과 크루즈 산업에서도 가장 매력적인 시장으로 급부상하고 있다.

크루즈는 재구매율이 높다. 그래서 선사에서는 신규 고객을 확보하려는 노력을 집중하고 있다. 크루즈의 매출은 크루즈를 타기 위한 티켓 매출과 선상에서 일어나는 선상 매출이 있는데, 티켓 매출은 거의 적자 수준이나 선상 매출은 매우 높은 편이다. 세계 최대 크루즈 기업인 카니발 코퍼레이션의 경우 선상 매출의 이익이 66%에 달한다. 카니발의 2019년 전체 매출은 24조 원인데 순수익은 3.6조 원이었다.

특히 크루즈는 은퇴한 연령대가 많이 이용하는데 베이비부머들의 은퇴가 시작되면서 이용자가 증가하고 있고, 밀레니얼 세대들도 새로운 경험을 좋아하므로 그들이 은퇴할 시기에도 수요가 급증할 것으로 생각된다.

크루즈 선사

전 세계 바다를 운항하는 크루즈의 수는 약 400대이다. 코로나 상황 이전에는 이용자가 고성장했기에 코로나 상황이 종료되면 크루즈의 선박은 계속 증가할 수 있을 것이다. 크루즈 선사는 대형 선사로 몰리는 경향이 있는데, 카니발 코퍼레이션은 영국, 오스트랠리아 선사 등을 인수하여 가장 큰 규모를 유지하고 있다.

카니발 코퍼레이션은 럭셔리급인 Seabourn, Cunard가 있고, 프리미엄급인 Holland America Line, Princess Cruises, P&O Cruises, P&O Australia 스탠다드급인 Aida, Carnival, Costa 등이 있다.

다음으로 큰 크루즈 선사는 로얄캐리비안이다. 럭셔리급의 Silversea, Azamara, 프리미엄급으로 Celebrity Cruises, 스탠다드급으로 Royal Carribean, Pullmantur 등이 있다.

나를 위한 최고의 선물 크루즈여행

그리고 26척의 크루즈를 보유한 NCL holdings와 15척의 크루즈를 보유한 MSC, 9척의 크루즈를 보유한 겐팅 홍콩 등이 있다. 5개 선사가 전 세계 크루즈의 87%를 차지하고 있고, 각 나라별로 1~2척의 크루즈를 보유한 선사로 이루어져 있다.

제2부 최고의 크루즈여행 팁

한국의 크루즈 산업 현황

 크루즈 관광 산업이 활성화되면 단순하게 관광 산업만 좋아지는 것이 아니다. 항공, 해운, 조선 전 분야에 걸쳐 파급 효과가 뛰어나 21세기 고부가가치 산업으로 꼽히고 있으며, 관광 산업에 미치는 영향이 가장 크다고 할 수 있다. 크루즈 기항지의 체험 관광을 통해서도 입국자들이 많이 지출한다. 백화점, 면세점 등에서의 쇼핑은 물론, 역사 유적지 방문이나 재래시장에서 각국 토산품이나 특산품 구매 그리고 자연 경관이 빼어난 해변이나 명승지 등을 방문하여 많은 소비를 한다. 2014년의 경우 크루즈 입국자가 국내에서 지출한 금액은 12조 원에 달했다. 이로써 크루즈 산업의 활성화로 얼마나 많은 수익을 벌어들일 수 있는지 예측이 가능하다.

 국내 크루즈 입국자 수는 2014년 106만 명으로 2008년에 비해 14배나 급증했고, 크루즈 입항 횟수는 2014년 461회로, 2008년에 비해 4배 증가했다. 크루즈 산업의 성장 속도를 예측할 수 있을 것이다.

 크루즈 산업 발전과 더불어 터미널 구축, 크루즈선 제작, 해상 운송 등과 같이 항공, 해운, 조선, 항만 관련 산업이 연계되어 발전하고 있다. 또한, 크루즈 경영과 크루즈 내부 장식, 크루즈 내부의 각 시설들을 위한 관련 산업도 함께 발전할 가능성이 높다. 우리나라는 부산, 제주, 인천, 여수, 삼척, 포항 등 6개의 크루즈 항만이 있으며, 앞으로 계속 확대해 나갈 예정이다.

 크루즈 선사로는 스타크루즈, 팬스타크루즈, 하모니크루즈 등이 있는데 글로벌 크루즈 선사에 비해 그 수와 크기는 매우 미약하므로 성장의 여지는 매우 높다고 볼 수 있다.

나를 위한 최고의 선물 크루즈여행

제2부 최고의 크루즈여행 팁

크루즈여행의 결정 과정

여행의 종류는 아주 다양하다

일반적으로 그룹여행, 배낭여행, 트레킹여행, 리조트여행 등을 주로 떠나고, 크루즈여행은 쉽게 선택하지 않는 것 같다. 여행 중 가장 마지막 또는 나이들어 하는 여행이라는 인식이 있었다. 이는 크루즈여행이 일반화되지 않았기 때문인데, 가격이 비싸고 활동 반경이 좁다는 선입견 때문이기도 하다.

크루즈여행을 좀 더 친숙한 여행 방식으로 인식한다면, 의외로 다양한 방식으로 여행할 수 있다는 걸 느끼게 될 것이다. 그동안 육지로 여행했다면 크루즈로 편안하게 해안 또는 해안에 인접한 지역을 여행할 수 있다. 유럽의 문화는 해안에서 많이 발달했기 때문에 크루즈여행으로도 많은 것을 경험할 수 있다. 동남아, 하와이, 캐리비안 해안도 크루즈여행으로 충분히 즐길 수 있다. 알래스카와 북유럽은 해안이 절경이다. 남태평양의 섬 여행도 크루즈여행으로 즐길 수 있는 멋진 곳이다.

먼저 어느 지역으로 크루즈여행을 갈 것인가 결정해야 한다. 전 세계에 300여 척의 크루즈가 오대양을 누비고 있으니 왠만한 지역은 크루즈가 운행되고 있다. 그중에 가장 선호하는 지역은 동지중해, 서지중해, 알래스카 크루즈이다. 여기에 동·서 캐리비안 크루즈와 하와이 크루즈가 있다. 이외에도 여러 지역을 운항하는 크루즈가 있는데, 짧은 기간에 간단히 경험하고 싶다면 속초나 부산에서 출발하여 일본의 여러 지역과 러시아 블라디보스토크를 다녀오는 크루즈도 좋다. 일본은 우리가 자주 방문하지 않는 서부 해안 지역을 관광할 수 있다.

나를 위한 최고의 선물 크루즈여행

크루즈여행을 할 때 모항까지 가야 하므로 여러 가지를 고려해야 한다. 현지까지 항공기를 이용해서 가야 하므로 비용, 기간, 편리성, 안전을 고려하여 결정하되 사정이 허락하지 않는다면 속초, 부산에서 출발하는 크루즈를 이용하는 것이 적당하다. 지역의 문화를 볼 것인지, 자연 경관을 볼 것인지 아니면 바다와 섬이 어우러져 있는 원시의 자연에서 편히 쉴 것인지 등을 선택하여 행선지를 정하는 것이 바람직하다.

다음에 결정할 사항은 크루즈여행에 추가하여 출발 전 또는 도착 후 며칠간 인근 지역을 여행할 것인지의 여부를 결정하는 것이다. 크루즈를 타기 위해 먼 곳까지 비행기를 타고 가야 한다. 모처럼 긴 여행을 떠나니 인근 지역을 여행한 뒤에 크루즈에 합류하면 더 알찬 여행이 될 것이다.

건강과 업무에 영향이 없는지도 판단해야 한다. 크루즈를 타면 중간에 하선하기가 어렵다. 중간에 내릴 때는 다른 나라에 입국하는 절차와 같기 때문에 입국이 불가하거나 귀국하는 교통편이 불편할 수도 있다. 귀국하는 데 며칠씩 걸리는 경우도 있어서 모처럼의 여행이 엉망이 되는 경우가 발생할 수 있다.

동반자도 매우 중요하다. 크루즈선 내에서 숙박이나 식사 등 모든 활동을 같이 하고, 좁은 방에서 일주일 이상 함께 지내야 하기 때문에 잘못하면 지옥 같은 여행이 될 수도 있기에 마음이 맞는 동반자를 잘 선택해야 한다. 아무리 친한 사이라도 함께 여행해도 좋을지 잘 판단해야 한다.

크루즈여행 예약하기

　크루즈여행 전후 일정의 모든 예약은 크루즈 예약 이후에 진행되어야 한다. 크루즈 승선과 하선에 맞추어 여유 있게 항공, 호텔 등을 예약한다. 승선 시간이 오후 2시부터라면 항공기가 도착하는 시간과 공항에서 항구 간의 거리를 감안하여 여유 있게 항공기를 예약해야 하며, 비행기 도착 시간을 감안하여 시간 여유가 없으면 하루 일찍 도착하여 항구 근처 호텔에서 머문 뒤 편안하게 크루즈를 타는 것이 좋다. 비행기가 연착하여 크루즈를 탈 수 없다면 최악의 여행이 될 것이다.
　크루즈 예약은 1~2년 전에 예약하거나 기다렸다가 출발 시간에 임박해서 예약하면 가격이 저렴하다. 1년 전이나 6개월 전에 예약하는 것이 적당하며, 시간이 자유롭거나 여행지를 즉시 바꿀 수 있다면 출발 날짜에 임박해서 예약하는 것도 비용을 줄일 수 있는 방법이다.

예약하는 방법

크루즈를 예약하는 방법은 국내 여행사를 이용하는 방법, 크루즈 선사의 국내 지사 또는 크루즈 선사의 국내 대리점을 이용하는 방법 또는 전문 크루즈여행사 포털사이트를 활용하는 방법이 있다.

1) 국내 여행사 활용

국내 여행사의 크루즈여행 상품을 예약하면 크루즈 예약과 함께 항공기와 호텔 예약은 물론 기항지 여행까지 예약해 준다. 여행 중에 여행 가이드가 동반하기에 언어 소통과 크루즈 시설과 기항지 여행에 어려움이 없다. 국내 여행사가 글로벌 크루즈여행 전문업체의 도매상와 협력하여 일정 좌석을 구입해서 패키지화 한 여행으로 처음 여행을 떠나는 분에게 편리하다.

2) 크루즈 선사의 국내 대행사

국내에서 크루즈 선사의 영업을 대행해 주는 대행사를 통해서 예약할 수 있다. 한국어로 홈페이지를 운영하기에 편리하게 예약할 수 있는데, 대부분의 글로벌 크루즈 선사 대리점이 국내에서 영업 활동을 하고 있다. 종합적으로 크루즈 예약을 할 수 있는 대행사는 크루즈인터내셔널(cruise.co.kr), 크루즈월드(cruiseworld.co.kr) 등이 있고 크루즈 선사별 대행사는 노르웨지안 크루즈라인(NCL), 로얄캐리비안, 프린세스, 홀랜드아메리카, MSC 등의 대리점들이 있다. 세계에서 가장 큰 카니발 코퍼레이션은 국내 대행사가 없으므로 전문 크루즈 대행사나 선사에 직접 예약해야 한다.

3) 모든 크루즈 선사 홈페이지에서 직접 예약 가능

4) 전문 크루즈여행사 사이트

전문 크루즈여행사 사이트는 전 세계 모든 지역에서 출발하는 크루즈를 검색, 예약할 수 있다. 회원으로 가입하면 지속적으로 크루즈 정보를 받을 수 있다. 주기적으로 전송되어 오는 해외 크루즈 정보를 접하면서 가격이나 시간이 적절한 크루즈가 있으면 선택해서 예약할 수 있다.

icruise.com / cruise.com / vacationstogo.com / cruisedirect.com

예약 시 고려 사항

가격 비교
최종적으로 결정하여 결제하기 전에 같은 노선에 대한 여러 전문 크루즈 업체의 가격을 여러개 비교하여 저렴한 것을 선택하면 경비를 절감할 수 있다.

서비스 비교
선실을 선택하기 전에 취소 가능한지, 크루즈선 내에서 이용할 수 있는 크레딧Credit이 얼마인지, 주류, 음료수, 데이터 통신 등의 서비스가 포함되어 있는지 확인해야 정확한 가격 비교가 가능하다.

제2부 최고의 크루즈여행 팁

내실

선실 선택

선실의 종류는 내실, 오션뷰룸, 발코니룸, 스위트룸 등 4개로 나뉜다.

내실은 크루즈의 복도 내측에 있어서 창문이 없다. 주로 망망대해를 운항하기 때문에 경치를 볼 일이 별로 없고, 낮에는 기항지에 내려 관광하거나 크루즈선 내에 머물 때는 식당이나 커피숍, 수영장 등에서 많은 시간을 보내기 때문에 선실에서 머무는 시간이 그리 많지 않아 크게 불편하지는 않다. 오션뷰룸은 지름 1m 정도의 둥근 창이 있어 낮과 밤, 태양과 바다 그리고 기항지 항구의 전경을 볼 수 있는 장점이 있다. 발코니룸은 발코니에서 외부의 전경을 볼 수 있으며, 의자와 조그만 탁자가 발코니에 놓여 있어 바깥 공기와 바다 전경을 즐길 수 있다. 오션부룸은 내실보다 10~20% 비싸고,

발코니룸

오션뷰룸

발코니룸은 내실보다 50% 이상 비싸다. 스위트룸은 가장 넓은 룸으로 룸과 화장실이 넓고 다양한 시설이 제공되며, 가격은 내실의 2~3배 이상 비싸다.

  선실을 선택할 때 동행자, 여행의 목적, 여행 예산 등을 감안하여 결정하면 되지만 오션뷰가 무난한 것으로 생각된다. 여러 사람이 함께 가면 룸 한 개 정도는 발코니룸이나 스위트룸을 예약하여 함께 모여서 즐기는 것도 좋을 것같다.

  2인 1실로 예약 가능하다. 3~4명까지 예약 가능한 선실도 있는데 일반 비용의 20~30%를 추가하면 이용할 수 있다. 1명이 여행할 경우에는 동반자를 찾아 2명이 예약하면 부담을 줄일 수 있다. 혼자서 2인룸을 이용하면 2배의 비용을 부담해야 한다. 크루즈에 따라 1인용 선실이 있는 경우도 있는데, 80%정도를 추가로 부담해야 한다.

스위트룸

무선 인터넷 예약

여행자에게 통신은 매우 중요하다. 무선 통신 사용권을 구입해야 이용가능하다, 일부 크루즈는 무료로 서비스하는 경우도 있다.

술, 음료 패키지

크루즈에서는 일부 식당을 제외하고 물과 음료수, 주류는 유료이다. 패키지를 예약하면 가격이 저렴하다. 일부 크루즈는 음료수를 무료로 제공하기도 한다.

기항지 여행 예약

기항지 여행은 크루즈 예약 시 같이 예약할 수 있다. 크루즈가 출발하고 도착하는 항구를 포함해 크루즈가 머무는 곳에는 현지에서 가장 유명한 육지 여행을 예약할 수 있다. 유명한 유적지나 관광 명소를 방문하거나 경치 좋은 해안 리조트에서 여유를 즐기거나 해양 스포츠를 시도해 볼 수 있다. 점심을 제공해 주기도 한다. 가격은 50~100달러 정도이며, 헬리콥터를 탑승하는 경우는 400~500달러 정도 부담해야 한다.

크루즈여행 준비하기

사전 정보

여행을 떠나기 전에 준비하는 과정도 여행 못지않게 즐거운 과정이다. 서점에서 크루즈 관련 책을 찾아 읽어보거나 인터넷에서 출발지, 도착지 그리고 모든 기항지를 조회하여 꼼꼼히 숙지하길 권한다.

유튜브로 예약한 크루즈 이름으로 조회하여 미리 크루즈의 구조와 서비스를 확인하면 많은 도움이 된다. 왠만한 크루즈의 시설과 식당, 캐빈를 확인할 수 있다.

생활용품

크루즈의 캐빈은 매우 좁지만, 호텔급의 시설을 운영하고 있다. 기본적으로 수건, 비누, 샴푸, 바디 로션 등은 있지만 치약, 칫솔, 면도기는 비치되어 있지 않다. 나이트가운과 슬리퍼는 제공하지 않는다. 슬리퍼는 미끄러지지 않는 것으로 준비하고, 200V용 멀티탭과 USB 허브를 준비하면 편리하다. 장기 여행을 떠날 땐 크루즈 내에 준비된 공용 세탁기를 이용하거나 준비해 간 세제를 이용하여 선실 내에서 손세탁한 뒤에 선실 내에서 말린다.

의상

간혹 선사에서 드레스코드를 원하는 경우가 있는데, 화이트 룩 의상과 비지니스 캐주얼 정도만 준비해도 무난할 것이다. 때로는 댄스복이나 각 나라의 전통 복장, 할로윈 복장을 준비하면 좋겠지만 굳이 그런 복장을 하지 않아도 함께 어울릴 수 있다. 수영복은 필수이다. 크루즈에는 실내, 실외 수영장과 자쿠지가 있으니 언제나 즐길 수 있다. 정찬식당 출입을 위해서는 정장이나 비즈니스 캐주얼 차림으로 참석하는 것이 바람직하다. 기항지에서는 여행을 위한 각종 화려한 활동복, 크루즈 내에서는 각종 운동 시설이 많으므로 운동복을 준비하면 좋다. 크루즈 여행은 아침마다 가방을 싸는 여행이 아니므로 다양한 옷을 가져가도 크게 부담없을 것이다.

음식

크루즈의 음식은 상당히 다양하다. 전 세계 바다에서 크루즈가 운영되고 있어 식자재를 저렴하게 구입하여 공급하니 음식도 풍부하고 언제나 다양한 음식을 먹을 수 있다. 식사 시간이 아니더라도 카페, 뷔페식당에서 간단히 먹을 수 있는 음식도 풍부하다. 그러나 대부분 느끼한 음식이라 김치나 라면이 생각난다. 뜨거운 물이 제공되니 컵라면을 가져가면 얼큰한 국물을 먹을 수 있다. 김치, 고추장을 여유있게 가져가면 좋다. 전자레인지나 전기포트가 없으니 햇반, 간편식은 먹을 수 없다.

주류는 원칙적으로 반입 금지이나 1~2병 정도는 반입할 수 있는 크루즈도 있다. 승선 시 반입한 경우에는 별도로 보관하였다가 하선할 때 찾아갈 수 있다.

비자

대부분의 나라는 우리나라와 비사 협성이 체결되어 있어 필요하지 않지만, 미국 등 일부 국가는 ESTA, 전자 비자를 간단히 발급받아 입국하거나 입국할 때 비용을 지불하고 비자를 발급받을 수 있다. 중국의 경우 경유시 144시간 체류 가능하니 크루즈여행 시 모항이나 기항지에서 하루나 이틀 정도 머무는 것은 가능하다. 자주 방문하지 않는 나라를 방문할 땐 미리 확인할 필요가 있다.

사교댄스, 스킨스쿠버, 스노클링, 명함, 간단한 선물 등

크루즈를 경험해 본 사람들이 크루즈여행 시 사교댄스가 필요하다고 하는데 내 생각은 다르다. 크루즈에서 사교댄스를 즐기는 사람들을 본 적이 없는 것 같다. 크루즈 내 어딘가에 그런 장소가 있겠지만, 맥주를 마시며 디스코텍에서 춤출 수도 있으니 본인의 방식대로 즐기면 될 것이다. 물론 사교댄스를 잘 춘다면 찾아가서 실력을 뽐내는 것도 좋을 것이다.

바다를 항해하니 상황에 따라 스킨스쿠버, 스노클링을 즐길 수 있을 것이다. 스킨스쿠버 자격증을 미리 준비한다면 열대의 바닷속을 볼 수 있는 기회도 있을 것이다.

나는 여행하면서 명함을 만들기 위해 현지의 인쇄소를 찾아 제작한 적이 있다. 여행에서 만난 사람들은 멋을 아는 사람, 사람을 좋아하는 사람들이 많아 명함을 주고받으며 좋은 인연을 만들 수도 있다. 우리나라 전통 문양이 새겨진 간단한 선물을 준비하여 나누어 주면 좋은 인상을 줄 수 있을 것이다.

선내 반입 금지 품목

화재 위험이 있는 제품은 반입 금지된다. 전기포트, 전선이 있는 멀티포트 그리고 주류 등인데, 승선할 때 크루즈에 보관하고 여행 끝내고 하선할 때 되돌려 받는다.

여행에 필요한 IT 기기 활용하기

크루즈여행을 하더라도 여행 전후에 며칠간 모항에서 여행하거나 기항지에서의 여행을 더 효율적으로 즐기기 위해 IT기기를 활용할 필요가 있다. 스마트폰을 활용하면 항공기 예약, 호텔이나 에어비앤비 등 숙소 예약, Uber. Grab으로 택시 호출도 가능하며, 구글 지도로 현재 위치를 알고 목적지까지 찾아갈 수 있다. 이동통신, WiFi가 되지 않더라도 모든 나라의 언어로 통역이 가능하다. 즉 여행과 관련한 모든 솔루션을 이용하면 더욱 편리하고 효율적인 여행을 할 수 있다.

크루즈여행 시 크루즈를 타기 전에 인근 지역을 여행하거나 크루즈여행을 끝내고 귀국하기 전에 며칠간 여행할 경우가 많을 것이다. 비행기를 타고 멀리 모항에 도착했는데, 크루즈만 타고 돌아오기에는 너무 아쉽다.

크루즈 예약이 완료되었다면 App Store에서 아래 기능을 다운로드받아 활용하면 여행에 상당히 도움될 것이다.

항공기 예약
익스피디어, 카약 등에서 예약할 수 있다.

공유자동차
Uber, Grab에 등록하여 공유자동차를 이용할 수 있다. Uber는 유럽과 북미 남미에서 사용하고, Grab은 동남아에서 주로 사용한다.

숙소

· **호텔 예약**: 호텔닷컴에서 예약
· **호스텔 예약**: 호스텔닷컴에서 예약
4명에서 8명이 방 한 개를 같이 사용하고 화장실, 샤워실은 공용으로 사용한다. 개인용품을 보관하는 서랍이 주어지고, 열쇠는 각자 준비하거나 프론트에서 구입할 수 있다.
· **에어비앤비 예약**: 공유숙소에서 다양한 경험을 할 수 있다.

로밍

인천공항에서 본인 핸드폰을 가입한 회사(KT, SKT, LGU+) 창구로 가서 여행하는 국가에 로밍 신청하면 여행하는 국가에 도착하여 음성, 데이터를 바로 사용할 수 있다. 또는 데이터 카드를 구입하고 USIM을 교체하여 데이터 로밍 기능을 사용할 수 있다. 이 경우 통화 로밍은 불가하고, 인터넷 등은 사용 가능하다.

구글 문서

구글 문서의 STT(Speech to Text) 기능을 활용하여 이동 중에 음성으로 기록하면 자동으로 구글 드라이브에 저장되는데 여행 중에 활용하면 매우 유용하다.

여행 자료 정리

여행 중에 사진과 동영상을 많이 촬영하게 되는데, 사진을 관리하는 방법과 동영상을 편집하는 방법을 배워서 여행 중에 자료를 정리하는 것도 좋을 것이다. 동영상 편집기로는 KineMaster를 많이 사용하고 있다.

My Real Trip

세계 주요 도시에서 한국인 여행 가이드 서비스를 받을 수 있다.
1인에서 단체까지 가이드해 주는데 미리 예약을 해야 한다.

구글의 다양한 기능

구글 메일 계정을 만들어 구글 지도와 구글 번역기, 유튜브, 구글 문서, 구글 드라이브를 사용하면 많은 도움이 된다.

구글 지도를 이용해서 여행지 이동을 하고 맛집 등을 추천받을 수 있다. 구글 번역기를 활용하여 세계 어느 지역에서든지 현지 주민들과 대화할 수 있다. WiFi가 되지 않더라도 한국에서 해당 지역 언어를 구글에서 다운로드해 가면 현지 언어 번역이 가능하다. 구글 문서를 사용하여 여행기와 여행지 정보를 정리하여 구글 드라이브에 저장할 수도 있다.

크루즈 터미널에서 체크인 및 승선하기

크루즈에 승선하기 위해 체크인 절차를 거쳐야 하는데 항구마다 방식이 조금씩 다르지만 거의 비슷하다. 이 책에서는 일반적인 방식을 설명한다.

수화물 송부

크루즈 터미널에 도착하면 건물 내 또는 건물 밖 광장에 수화물을 접수하는 곳이 눈에 들어온다. 온라인 체크인 시 출력한, 가방에 부착할 태그나 현장에서 배포하는 태그를 작성하고 가방을 맡긴다. 백팩 등 간단한 유대물만 가지고 홀가분하게 승선한다.

보안대 검색

비행기 검색 절차와 유사하다. 보안 검색대에서는 전열기구, 칼, 주류 등은 반입 금지 품목이므로 크루즈에서 보관한 뒤에 여행이 끝나고 하선할 때 돌려준다.

체크인

필요한 자료는 여권, 기항지 국가 비자, 여권 복사본, 신용카드, 승선 서류가 있다. 한국에서 출발하기 전에 온라인 체크인한 뒤에 체크인 서류, 승선 서류, 여권 사본을 꼭 출력해서 가져 가길 권한다. 특히 동행자가 여러 명일 경우에 서류가 없어 바로 체크인 절차를 진행할 수 없을 경우 우왕좌왕하며 많은 사람이 기다려야 한다.

신용카드를 등록하면 선상카드가 발급되는데, 선상카드는 크루즈선 내에서 결제용 카드, 객실 룸키로 활용되며, 크루즈를 출입할 때 신분증으로도 활용되니 잘 보관해야 한다. 분실하지 않기 위해 목걸이에 달아 걸고 다니는 것이 좋다.

체크인이 끝나면 승선 당일에 안내문을 준다. 안내문에는 크루즈의 시설, 당일 행사, 식당, 시설 이용 시간 등이 기재되어 있다.

출국 심사

여권과 선상 서류만 제출하면 통과된다.

승선

출국 심사가 끝나면 터미널과 크루즈와 연결된 가교를 넘어 선상카드를 제출하면 승선 절차가 마무리된다. 이어서 승선을 환영하는 사진사들이 다양한 포즈를 취하게 하면서 사진을 연속해서 찍는다. 사진은 출력해서 홀에 전시되는데, 마음에 들면 구입하고, 마음에 들지 않으면 구입하지 않아도 괜찮다.

제2부 최고의 크루즈여행 팁

비상 대피 훈련

　크루즈 탑승 시 모든 승객은 비상 대피 훈련을 받아야 한다. 승선하는 첫날, 배가 출항하기 30분 전에 모든 승객은 크루즈에서 지정한 지역에 모여서 교육을 받아야 한다. 교육 장소는 승선카드에 큰 글씨로 표시되어 있다. 예를 들면 A2, C4 등으로 표시되는데 훈련은 동시에 시작되고, 모든 승무원이 동참하기에 방송에 따라 복도나 홀로 나오면 안내해 준다.

비상 대피 훈련 시 객실에 비치된 구명조끼를 가져가는 경우도 있으니 승선 시 안내하는 자료를 참고하거나 다른 승객들의 행동을 참고하여 따라하면 된다. 훈련 시에 간단히 안전사항을 간단히 안내하고, 승선카드를 스캔하거나 명단에 이름을 기록하면 훈련이 마무리된다. 훈련에 참석하지 않은 승객들은 별도의 교육을 받아야 한다.

크루즈의 모든 정보가 담긴
'선상신문' 활용하기

매일 오후 늦은 저녁에 캐빈 룸으로 '선상신문'이 배달된다.

다음 날의 공연, 기항지 관광 및 다양한 액티비티와 엔터테인먼트 등의 일정은 물론 크루즈 내 레스토랑 정보와 각종 시설등의 위치, 운영 시간 등을 알려 주는 정보지이다.

크루즈는 하나의 조그만 도시이기 때문에 여행에 필요한 모든 시설과 서비스가 제공되므로 관심을 갖고 신문을 읽어 보면 다양하게 즐길 수 있다. 많은 사람이 크루즈여행이 끝나갈 때쯤 시설과 서비스를 파악하거나 모르는 상태에서 크루즈를 떠나는 경우도 있다.

승선한 뒤에 가장 먼저 해야 할 일은 부대시설의 위치를 파악하는 것이다. 그 뒤에 선상신문을 읽어 보면 이해하기 쉽다. 가장 중요한 장소인 레스토랑의 종류, 위치 그리고 운영 시간이다. 또한, 공연 장소와 내용, 시간을 파악하고 크루즈에 머물면서 즐길 수 있는 장소를 미리 파악할 필요가 있다.

선상신문을 통해 시설물 이용 시 무료, 유료 여부도 알 수 있고 크루즈 내 생활에 필요한 통신, 결재 방법과 주요 시설물의 사용 방법도 알려 준다. 부대시설의 명칭이 선상신문을 이해하는 데 혼란을 주는 경우가 많기 때문에 시설물의 명칭을 먼저 파악한다면 이해하기 쉽다.

선상신문으로 기항지 정보도 미리 파악할 수 있다. 사전 정보를 갖고 예약실을 찾아가거나 인터넷으로 기항지 여행을 예약하면 된다. 선상신문을 잘 살펴보는 것이 크루즈를 100% 이용하는 방법이 될 것이다.

선상신문에 빽빽하게 적혀 있는 영어가 부담스럽다면 App Store에서 "google translate"를 설치하여 카메라로 촬영하면 자동 번역되어 나온다.

첫째날 선상신문

1. 날씨
2. 일출, 일몰
3. 승선 시간
4. 인사말, 주요 공연, 이벤트와 레스토랑 소개
5. 공연 추천, 매표소(Deck 7 선수), 내선번호 073, 터치스크린으로 예약 가능
6. 가능하면 메인식당과 유료 식당은 예약을 하기 바랍니다.
   - 레스토랑 관리자, 레스토랑 예약 데스크, 터치스크린, 내선번호 050으로 예약
7. 레스토랑 취소: 24시간 이전에 취소하지 않으면 비용이 부과됩니다.
   드레스코드: 특정 식당 외에는 정장 차림이 필요하지 않습니다.
8. 긴급 시: 911로 전화, 객실 서비스: 00으로 전화
9. 오후 식사: Complimentary(무료) 레스토랑 이름, Deck 층수 선수, 개점 시간
   Charge Applies(유료) 레스토랑 이름, Dec k층수 선미, 개점 시간
10. 24시간 영업
11. * room 서비스 부과, ** 날씨에 따라 영업 결정
12. 오늘 갈비를 무료로 제공하는 레스토랑.
    O'Sheehan's Bar & Grill, Deck 7, 선수
13. 64달러 무제한 주류패키지: soft drink, 맥주, 양주, 칵테일, 와인을 글라스로 제공
14. 무제한 음료패키지: 어른 6.95달러, 어린이 4.95달러, 주스 – 3달러 추가

1. 크루즈 탑승을 환영하며 금일 멋진 다양한 4중주, 코메디, 공연을 소개합니다.
   저녁 9시 45분, Escape Theater, Deck 7, 선수
2. Brat Pack에서 화끈한 rock-n-roll 공연이 있습니다. 미성년자는 출입이 금지되며, 비용이 부과됩니다.
   오후 5시 30분과 8시 30분 두 번 공연, Supper Club, Deck6. 선수
3. Levity Entertainment Group이 진행하는 코메디쇼
   저녁 7시와 9시, Headliners, Deck 6, 선중간
4. 웰컴 파티로 크루즈 직원과 함께 즐깁니다.
   저녁 10시 45분, Spice H2O, Deck 17, 선수
5. 가족과 아이들을 위한 활동
   · Guppies/ Nursery(6개월부터 2살까지)
   · Splash Academy(3살부터 12살까지)
   · Entourage(13살부터 17살까지)
6. 특별한 이벤트
   · 꼭 참석해야 하는 구명보트 훈련(3시 30분)/각자 지정된 장소로 가야 합니다.
   · 크루즈의 개방된 곳을 방문할 수 있습니다.
   · 크루즈 출발 환영 행사
   · 미혼자 등 싱글을 위한 모임
   · 가라오케 소개
   · 대중을 위한 게임쇼
7. Manhattan Room, Atrium, 5o'Clock Somewhere 등 각 층에서 공연되는 음악 소개

나를 위한 최고의 선물 크루즈여행

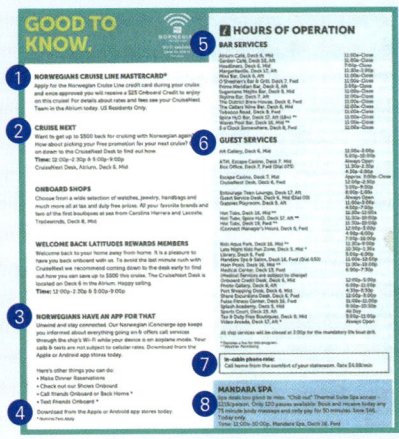

오늘 실시하는 모든 행사 소개

1. Sports Court 하루 종일 사용 가능
2. 미술품 경매: 오전 11시부터 오후 3시, Deck 6, 선중간
3. 싱글 여행자 등록 오후 12시부터 오후 2시 15분, Internet Café
4. 조깅 트랙 공개 저녁 6시 이후, Deck 17, 선미
5. * 비용 지불, ** 날씨에 따라 개방 여부 결정
6. 와인 4, 6, 8병을 구입하면 할인됩니다. 매장 매니저에게 문의 바람
7. ^ 사진 또는 녹음 불가 – 늦게 오면 출입 불가
8. 출발 기념 음료: 8.25달러(기념 컵 무료 제공)
9. 맥주 5개 구입 시 한 개 무료 제공

알면 도움되는 정보

1. NCL 마스트카드를 발급하면 25달러 크레딧이 발생하는데 이는 미국 국적자만 해당됨
2. 다음 크루즈를 예약할 경우 500달러 혜택이 있음. Cruise Next Desk를 방문해서 상담하십시오.
오후 12시부터 오후 2시 30분 또는 오후 5시부터 오후 9시에 상담 가능하고 Cruise Next Desk, Atrium, Deck 6, 선중간
3. NCL은 자체 App을 가지고 있습니다.
Norwegian iConcierge App은 WiFi를 통해 크루즈 내 어디서나 통신이 가능합니다.
App을 통해서 저녁 식사 예약, 선내 친구에게 전화, 통신이 가능합니다.
4. * 요금이 부과된다.
5. Bar서비스: 크루즈에 있는 모든 Bar의 영업시간을 알려 줍니다.
6. 모든 고객 서비스의 응대 시간을 알려 줍니다.
7. 캐빈에서 집으로 전화를 걸 경우 분당 4.99달러가 부과됩니다.
8. Mandara SPA 훌륭한 시설로 인당 219달러임. 오늘 예약하면 50분 가격에 75분간 서비스해 줍니다.

제2부 최고의 크루즈여행 팁

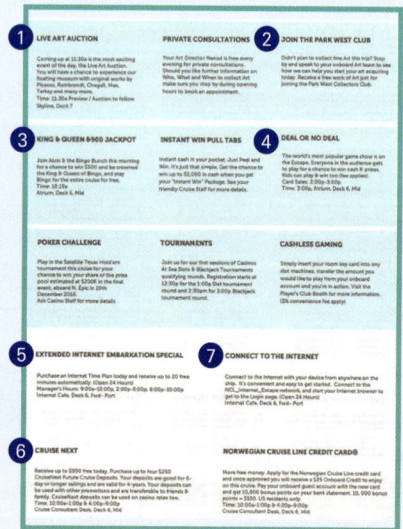

① 한의약에 대한 기초 지식을 알려 줍니다. 침술의 역사와 어떤 효과가 있는지 알려 줍니다.
저녁 9시 15분, 5 o'Clock Somewhere, Deck 8, 선우

② 10년 이상 젊게 보입니다. 스파를 통해서 주름을 줄일 수 있고 눈썹을 올리고 피부의 볼륨을 높일 수 있습니다.

③ 에메랄드 제안. 건강과 진실의 상징인 에메랄드를 알 수 있는 기회를 가질 수 있습니다.

④ 스와로브스키 이벤트. 오늘 오후 세계 최고의 보석을 소개합니다.

⑤ 커리비안해에 있는 ABI 해변에서 발리볼을 즐기고, 편안한 의자에서 휴식을 즐길 수 있습니다.
Shore Excursion Desk에서 지금 바로 예약하세요.
Deck 8, 선중간

⑥ 세계 10대 Top Beach인 Magen's Bay, Trunk Bay에서 휴식을 즐겨 보세요.
예약 가능합니다. 오전 9시에서 오후 8시까지, Shore Excursion Desk, Deck 8, 선중간

⑦ Nassau의 Atlantis 호텔에서 돌고래와 수영하고, 해변에서 휴식을 즐겨 보세요. Water Park에서 스릴 넘치는 해양 모험을 시도해 보세요.

⑧ 디지털카메라 세미나, 4시 30분에 Tobacco Road에 오세요. 디지털 이미지의 기본 기능과 멋진 사진을 찍는 방법을 알려 드립니다.

① 라이브 미술품 경매: 오전 11시 30분 Deck 7 Skyline에 오세요. 크루즈 박물관의 익사이팅한 이벤트를 경험할 수 있습니다. 피카소, 렘브란트, 샤갈, 막스, 달케이의 진품을 감상할 수 있을 것입니다.

② PARK WEST CLUB에 가입. 크루즈 내 Art Team에게 컨설팅을 받아 보세요. PARK WEST CLUB에 가입하면 다양한 활동을 할 수 있습니다.

③ Alvin & Bingo Bunch에 합류하여 빙고로 500달러를 벌어 보세요.

④ 크루즈에 세계에서 가장 인기 좋은 게임이 있습니다. 누구나 현금과 상품을 딸 수 있으며 어린이도 즐길 수 있습니다.
카드 판매는 오후 2시에서 3시까지, 오후 3시, ATRIUM, Deck 6, 선중간

⑤ 오늘 인터넷을 구입하면 20분 무료 사용권을 드립니다.
· 매니저 근무 시간: 오전 9시~오후 12시, 오후 2시~오후 5시, 오후 8시~오후 10시까지, Internet Café, Deck 6, 선우

⑥ 다음 크루즈를 예약하면 500달러를 무료로 받을 수 있으며, 이는 다른 사람에게 이양 가능하고 다른 프로모션과 함께 이용할 수 있습니다.

⑦ 인터넷 연결: 가지고 있는 디바이스로 크루즈 내 어디서든 인터넷과 연결 가능합니다.
인터넷 브라우저로 login 홈페이지를 연결할 수 있습니다.

나를 위한 최고의 선물 크루즈여행

결제 방법

크루즈선 내의 모든 결제는 선상카드로 이루어진다. 선상에서 선상카드로 결제한 모든 비용은 체크인할 때 제시한 신용카드로 하선할 때 일괄적으로 결제된다. 선상카드는 크루즈선 내의 신분증으로 사용되며 결제카드와 룸 출입카드로 사용된다.

크루즈선 내 쇼핑센터, 유료 레스토랑, 사진 예술품 구입, 선사 기항지 투어, 일괄적으로 부가하는 서비스 비용 1일 15달러, 유료 스파, 안마 등의 비용, 바나 라운지에서 서비스되는 음료, 주류 등 모든 비용은 선상카드로 결제된다.

결제되는 모든 비용 내역은 객실 내 설치되어 있는 IPTV, 선내의 키오스크, 게스트 서비스 데스크에서 확인할 수 있다. 결제 내용을 수시로 세심하게 체크해야 과다하게 비용을 지출하는 것을 방지할 수 있고, 이중으로 결제되거나 구입하지 않은 것이 포함되는 것을 방지할 수 있다. 결제가 잘못되었을 경우 이를 정정하는 데 시간이 필요하므로 하선하는 시점에 오류를 발견할 경우 시간에 쫓겨 우왕좌왕할 수 있다.

크루즈를 예약할 때나 크루즈를 자주 이용할 경우 현금처럼 쓸 수 있는 온보드크레딧을 주는 경우가 있다. 크루즈여행할 때 크루즈선 내에서 다음 크루즈여행을 예약할 경우 많은 온보드크레딧을 준다. 온보드크레딧은 현금과 같아서 최종 결제할 경우, 크레딧을 제외하고 결제한다.

신용카드를 등록하지 않고 현금으로 지불하려고 하면 게스트 서비스 데스크에 일정 금액을 예치하고 선상카드를 이용한다. 예치 금액이 소진되면 다시 현금을 예치하여 사용한다. 하선할 때 남은 금액을 현금으로 돌려받는다.

카지노를 이용할 경우 선상카드를 이용할 수 있으나 5% 정도의 수수료를 부담해야 하며, 온보드크레딧은 사용할 수 없다.

크루즈여행 시 통신 방법

한 번 정도는 세상과 완전히 단절되고 싶지 않나요? 크루즈에서 그걸 경험해 보세요.

지중해, 캐리비안해, 태평양 공해상에서는 회사, 일상생활과 완전히 단절된 상황에 놓이게 된다. 여행을 떠나면서 지인들에게 크루즈여행을 가니 연락되지 않을 거라고 하면 양해할 것이다. 일주일간 세상과 단절되더라도 세상이나 회사, 가정은 아무 문제없이 돌아가고 있다는 걸 느낄 것이다. 그러나 대부분의 직장인, 사업가는 그런 상황을 허락하지 않는다. 크루즈는 항구를 떠나면 공해상으로 빠져나간다. 그럼 육지에서 적어도 20여 km 떨어지기 때문에 무선 통신을 위한 기지국의 전파가 닿지 않아 인공위성과 통신하게 된다. 크루즈선 내의 위성 수신기와 인공위성이 통신하는데 비용이 비싸다. 통신 이용 요금을 부담하면 통신이 가능하다. 여러 사람이 같이 이용하면 비용을 절감할 수 있지만, 그래도 비싸다. 카카오톡, 메신저, 이메일을 이용하여 업무를 볼 수 있는데 페이스북이나 카카오톡으로 동영상 전송을 하면 상당한 비용이 부과되니 조심해야 한다.

해외로밍

인천공항에서 KT, SKT, LGU+ 대리점을 방문하여 해당 국가의 방문 일정을 알려 주어 해외 로밍을 신청하는 것이다. 그럼 여행 도중에 전화, 데이터 통신이 가능하다. 크루즈에 탑승하더라도 기항지에 가까워지면 해당 국가의 통신사와 해외 로밍이 되므로 통신이 가능하다. 기항지에서 자유롭게 통신할 수 있다.

해외 로밍을 신청하지 않았을 경우

기항지에 내려 터미널이나 승무원들에게 물어서 WiFi가 가능한 곳을 찾아가서 카톡, 메신저 등을 확인하면 된다.

크루즈선 내의 통신 방법

선상신문에 공지한 대로 객실 간 또는 크루즈선 내의 곳곳에 설치된 유선 전화로 객실에 머무는 동반자들과 통신할 수 있다. 그러나 크루즈선에서 객실에 머무는 시간은 그리 많지 않다. 약속하지 않고 헤어지면 다 함께 만나기가 쉽지 않다. 크루즈선이 워낙 크고 복잡해서 서로를 찾기가 쉽지 않으므로 다음 모임 장소, 시간 등을 정확히 공유하여야 한다. 객실 출입문에 포스트잇을 붙여서 서로의 행선지, 모임 장소, 시간을 알려 주는 방법도 있다. 또 다른 방법으로 소형 무전기를 준비하여 각자 휴대하면 크루즈선 내 어디서든 통화가 가능하고, 기항지에서도 동반자들과 통신이 가능해서 아주 편리하다.

크루즈앱 사용

크루즈앱을 다운로드하여 사용하면 크루즈선 내의 모든 시설 현황과 각 시설의 서비스 내용, 운영 시간 등 모든 정보를 확인할 수 있다. '좋아요'를 누르면 공연 시간을 알람으로 알려 준다. 식당은 물론 기항지 여행 등 예약도 가능하며 그동안 사용한 비용 내역도 확인할 수 있다. 동반자와 문자로 통신이 가능하므로 꼭 사용할 것을 권한다.

크루즈선 내에서 식사 즐기기

크루즈에는 다양한 식당이 있다. 수천 명의 승객과 승무원들이 상주하고 있기에 일부 식당은 거의 24시간 운영한다. 선상신문을 보고 식당의 위치와 영업시간, 유료, 무료 여부를 확인하여 식당을 선택하면 된다. 식당이 아니더라도 여러 곳에서 무료로 제공하는 간식을 먹을 수 있다. 간혹 유료 식당에서 식사하거나 다양한 바에서 맥주나 와인을 즐길 수도 있다. 크루즈 내에서는 모든 음료와 주류는 유료이다. 승선하는 날은 일찍 승선하여 점심 식사와 저녁 식사를 하면 비용을 줄일 수 있다.

나를 위한 최고의 선물 크루즈여행

제2부 최고의 크루즈여행 팁

나를 위한 최고의 선물 크루즈여행

뷔페식당

승객들이 가장 많이 이용하는 식당이 뷔페식당이다. 뷔페에는 항상 다양한 음식이 준비되어 있고, 과일도 언제나 풍족하게 제공된다. 근무 중인 승무원들이 식사하기에 늦은 시간에도 식사가 충분히 준비되어 있다. 선사에서는 크루즈 하나만 운행하는 것이 아니고 전 세계의 많은 크루즈를 운영하므로 식자재, 과일을 대량으로 저가에 구입하므로 음식을 풍족하게 제공할 수 있을 것으로 생각한다.

뷔페식당에는 커피, 음료수, 물 등이 무료로 제공되며, 텀블러를 가져가서 물을 채워 객실 또는 투어 중에 마실 수 있다. 정찬식당과 달리 뷔페식당은 자유로운 복장으로 출입이 가능하다.

정찬식당

뷔페식당과 함께 가장 많이 이용하는 곳으로 아침, 점심, 저녁 정해진 시간에 식사할 수 있다. 많은 승객이 저녁에 많이 이용하는데 저녁 7시와 9시에 대형극장에서 공연하니 그 시간을 피해 식사한다. 복장은 정장을 권하고 있으며, 자유로운 복장이나 슬리퍼 등을 신고 오면 출입이 안될 수도 있다. 비즈니스 캐주얼 복장이면 무난하다.

한국식당에서 5~10만 원 정도 지불해야 하는 식사로 에피타이저, 샐러드, 수프, 메인, 디저트 등이 나온다. 한 번에 여러 개를 주문해도 되니 하선하기 전, 며칠에 거쳐 메뉴판에 나오는 모든 것을 다 맛볼 수 있다. 기항지에 따라 그 나라 음식을 준비하는 경우가 있어 다양한 음식을 경험할 수 있다. 대형 크루즈에는 정찬식당이 여러 개 있는데 객실의 등급에 따른 지정된 식당에서 식사를 하는 경우도 있다.

처음 입장했을 때 주류 주문을 받는데 와인, 양주와 함께 식사할 수 있다. 와인의 경우 하우스 와인과 병으로 주문할 수 있고, 병으로 주문할 경우 남기더라도 보관이 가능하므로 다음 식사 시간에 마실 수 있다.

크루즈여행 중 하루는 갈라 디너가 있다. 그때는 바닷가재나 안심스테이크 등 특별한 음식이 준비되어 있고, 음악과 공연으로 분위기를 고조시킨다. 선장 등 고위직 승무원들과 식사하며 함께 사진을 찍을 수 있다.

바, 카페, 그릴, 수영장

뷔페, 정찬식당 외에도 여러 곳에서 음식을 먹을 수 있다. 카페, 라운지 등에서도 샌드위치, 핫도그, 피자, 쿠키 등이 무료 또는 유료로 제공된다. 야외 수영장에도 샌드위치와 핫도그와 커피 등이 제공되어 수영장에서 수영하거나 휴식을 취하면서 식사할 수 있다. 수영장에서 축제를 벌이는 경우는 다양한 과일과 바비큐 등으로 마음껏 맛있는 음식을 먹을 수 있다.

룸서비스

아침 식사를 객실로 가져다주는 룸서비스 이용이 가능하다. 무료 서비스이지만, 유료인 크루즈도 있으니 확인이 필요하다. 이용 방법은 메뉴와 시간을 기재하여 객실 문에 걸어 두거나 객실 내 IPTV에 입력하거나 전화로 요청하면 된다. 뷔페에는 많은 음식이 항상 준비되어 있으나 이용하는 승객이 그리 많지 않은 것 같다.

유료 식당

조용히 식사하고 싶거나 가족, 연인에게 특별한 식사를 제공하고 싶을 땐 유료 레스토랑에 가면 된다. 프랑스식당, 이탈리아식당, 일본식당, 퓨전식당 등에 가면 정성 들인 요리와 직원들의 친절한 서비스를 받으며 편안히 식사를 즐길 수 있다. 대형 크루즈일 경우 더 다양한 레스토랑이 있다. 맛있는 식당을 찾아다니는 것도 여행의 재미를 배가시킨다.

나도 여러 지인들과 함께 갔을 때, 하루 정도 아내에게 프랑스식당에서 특별한 식사를 대접한 적이 있었다. 다 함께 있어도 좋지만, 아내나 연인과 함께 맛있는 식사를 하며 즐기면 멋진 추억이 될 것이다.

크루즈선 내의 시설과 즐길거리

크루즈여행은 다양한 즐길거리가 있는, 안전하고 유익하고 흥겨운 여행 방법이다.

크루즈선 내부는 매우 복잡한 구조로 설계되어 있다. 워낙 다양한 시설이 있기에 관심을 갖지 않으면 시설을 다 파악하기 전에 여행을 끝내고 하선해야 한다. 잘 살펴보지 않으면 한 번의 여행으로는 전부 파악기 힘들다. 7박 8일간의 크루즈여행도 아침, 저녁에 식사하고 매일 저녁에 공연을 관람하고, 기항지에 내려서 여행하다 보면 여유롭게 크루즈선 내부를 둘러볼 수 없다.

승선하는 날 크루즈선 내부 조감도나 설명서를 보며 전체를 둘러보고 시설의 윤곽을 파악하여 하나씩 경험해 보는 것도 재미있다. 그러다 보면 본인이 즐길 수 있는 것을 발견할 수 있다. 앞에서 언급한 대로 국내에서 예약하고 난 뒤 유튜브에 예약한 크루즈를 조회하면 크루즈 선사에서 해당 크루즈를 소개하는 영상이나 여행자들이 촬영한 영상이 있

다. 이를 보면 크루즈의 전반적인 시설과 공연을 파악할 수 있다. 이런 준비를 하면 크루즈선 내의 모든 편의 시설이나 공연 등을 즐길 수 있다.

크루즈선 전체를 둘러보다 보면 스위트룸 승객 또는 멤버십 이용자들만 이용하는 공간이 있다. 이는 대형 크루즈나 특별한 크루즈에 해당하며, 대부분의 크루즈는 승객들이 모든 시설을 이용할 수 있다.

승선 첫날 크루즈에서 주관하는 크루즈 투어가 있는데, 식당 조리실, 조정실, 키즈카페 등을 둘러볼 수 있으며, 주로 유료로 운영하고 있다.

대형 공연장

크루즈선에는 대형 공연장이 있다. 1,000명에서 3,000명을 수용하는 공연장에서는 매일 오후 7시, 오후 9시 2회 공연을 한다. 서커스나 뮤지컬, 오페라 등과 같은 대형 공연을 하거나 기항지 여행 소개나 전 세계 유명 여행지를 소개하기도 한다. 공연의 질이 상당히 높으니 저녁 식사 시간을 피해 관람할 것을 권한다.

크루즈 선사마다 그들 나름의 특색 있는 고품격 공연을 제공한다. 디즈니랜드, 태양의 서커스, 고공 다이빙, 아쿠아쇼, 레이저쇼 등 다양한 쇼를 보여 준다.

수영장 등 스포츠 시설

크루즈선의 옥상에는 야외 수영장이 있다. 큰 수영장과 어린이를 위한 작은 수영장 그리고 몇 개의 자쿠지가 있다. 수영장 주변에는 야외용 벤치가 널려 있어 선탠을 하거나 책을 읽고, 동반자들과 가벼운 음료를 마시며 대화할 수도 있다. 식사 시간엔 간단한 식사가 제공되어 수영장에 계속 머물 수 있다.

실내 수영장이 있는 크루즈도 있다. 주로 성인들만 이용하는데, 조용히 수영을 즐기거나 수영장 옆에서 편히 쉬고자 할 때 이용하고, 주변엔 스파SPA나 마사지룸이 있어 유료로 이용할 수 있다.

옥상 수영장 주변의 가장자리나 수영장 위 가장자리에 산책 또는 조깅 코스가 있어서 크루즈선 내에서도 조깅을 즐길 수 있다. 초대형 크루즈에서는 워터파크에서 워터슬라이드도 경험할 수 있다. 서핑을 할 수 있는 크루즈도 있다.

제2부 최고의 크루즈여행 팁

찾아보면 귀퉁이에 탁구장이 있고, 피트니스 센터에서는 에어로빅, 요가, 필라테스 등을 할 수 있다. 스포츠 코트에서는 축구, 농구 등을 즐길 수도 있다. 골프 연습장이나 게임장도 있다. 키즈클럽, 청소년이 즐길 수 있는 장소도 세심하게 준비되어 있다. 영화 관람장과 시뮬레이션 게임기가 있는 크루즈도 있다.

나를 위한 최고의 선물 크루즈여행

바, 라운지

여러 곳에 넓은 라운지가 있는데 댄스, 파티 등의 행사가 진행되고, 음료수나 주류를 제공하는 테이블도 있다.

각 층마다 다양한 바가 있는데 수시로 밴드나 피아노 연주를 한다. 재즈, 클래식, 팝 등 좋아하는 음악이나 분위기를 보고 본인의 취향에 맞는 바에서 대화를 즐길 수 있는데, 간혹 분위기가 무르익으면 앞으로 나가서 춤을 추는 사람들도 있다.

한국 사람들은 크루즈를 타면 승객들이 다 같이 어울려 즐기고 춤춘다고 생각하며 부담스러워한다. 그러나 그 정도로 춤추는 곳은 별로 없었던 것 같다. 고등학생이나 대학생 시절, 지인들과 노래방에서 춤추며 노래부르던 정도의 실력으로 춤춰도 전혀 문제없다. 그냥 그 분위기를 즐기면 된다. 외국인들도 비슷하다. 잘 추는 사람이 별로 없다. 혼자서 혹은 동반자와 마주보며 그냥 몸만 흔들거나 여기저기 오가며 즐긴다. 그들은 다른 사람에 대해 별로 관심없다. 그냥 분위기를 즐기고 노래에 빠져들 뿐이다.

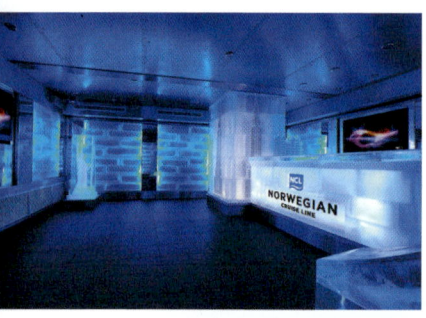

제2부 최고의 크루즈여행 팁

휴게 시설

크루즈선 내에는 곳곳에 쉴 곳이 있다. 가는 곳마다 푹신한 의자가 있고, 예약 부스나 프론트 데스크 근처에서도 오가는 사람들을 구경하며 쉴 수 있다. 선수 지역은 비치용 의자가 있어 대양을 바라보며 누워 있을 수 있고, 석양을 바라보며 휴식을 취할 수 있다. 객실의 발코니에서 연인과 석양을 바라보며 와인을 즐길 수도 있다. 어느 곳에서든지 멍하게 시간을 보내도 좋다. 배가 고프면 근처에서 식사나 핑거푸드를 먹으면 된다.

놀이 시설

바다 위의 롤러코스터를 즐길 수도 있고, 카트를 타고 레이싱과 범퍼카를 즐기는 곳도 있다. 100m 높이의 전망대, 암벽 등반과 스카이다이빙을 즐길 수 있는 크루즈도 있다. 회전목마, 서핑 체험장, 아이스링크도 있으며 서바이벌게임, 짚라인을 즐길 수도 있는데 이런 시설은 초대형 크루즈에 구축되어 있다.

키즈 클럽

키즈 클럽을 이용하면 아이들도 즐겁게 보낼 수 있을 뿐만 아니라 부부는 바에서 술을 즐기거나 단둘만의 시간을 보낼 수 있다. 키즈 클럽은 선사마다 다양하게 운영되고 있지만, 3세 이하는 부모가 동행해야 하며, 3세에서 11세까지, 12세에서 17세까지 두 개로 구분하여 운영하기도 하고, 3개로 나누어서 나이에 적절한 프로그램을 운영하기도 하는데 대부분 유료다.

각종 강의

크루즈선 내에서는 매일 다양한 강의가 진행된다. 건강 관련 강의, 컴퓨터, 핸드폰 사용법, 기항지의 역사, 문화, 예술 또는 요리 등의 강의를 제공한다. 댄스, 스포츠 등 수십 가지의 강의를 골라 들으면 시간 가는 줄 모를 것이다. 영어로 진행되니 영어가 약한 사람은 몸을 사용하는 강의를 들으면 된다.

도서관

나는 책을 많이 읽는 편은 아니지만, 크루즈의 도서관은 아주 좋아한다. 안락한 의자, 조용한 환경, 고풍스러운 도서관 분위기 등은 그 자리에 있는 것만으로도 편안하고, 다양한 아이디어가 샘솟을 것 같다. 여행 중에 읽을 책을 한국에서 가져오거나 PC에 동영상이나 자료를 담아 와 도서관에서 시간을 보내는 것도 좋을 것이다. 기항지에 내리지 않는 날이나 기항지에 도착했더라도 크루즈에 남아 있을 때, 아무도 없는 도서관에서 한적한 시간을 보내다가 식당에서 식사하고 커피를 마시며, 다시 도서관에 돌아가 독서하는 것도 아주 좋은 여행 방법으로 생각된다.

크루즈의 크기에 따라 시설과 즐길거리가 다양하다. 작은 크루즈는 시설이 빈약하지만 조용하고 좀 더 친근감이 있고, 대형 크루즈는 위에 언급한 시설들이 있어서 다양한 즐길거리를 경험할 수 있다. 점점 크루즈가 대형화, 특화되면서 새로 출시되는 크루즈는 더 많고 새로운 시설과 장치가 설치되고 있어 선택의 폭이 넓다.

기항지 여행하기

　크루즈여행은 다양하게 즐길 수 있는 투어이다. 크루즈선 내에서도 즐길거리가 많지만, 밤새 항해하여 매일 아침이면 유명 관광지 항구에 정박하기에 기항지에서 멋진 투어를 즐길 수 있다. 기항지 투어는 크루즈를 승선하는 날이나 하선하는 날에도 가능하며, 장거리 이동으로 바다에서 머무는 날을 제외하면 매일 기항지에서 내려 관광할 수 있다.

　배가 기항지에 정박했다고 매번 하선할 필요는 없다. 나도 기항지에 내리지 않고, 승객이 별로 없는 크루즈에 남아서 하루 종일 보낸 적이 있다. 한적한 해안가 리조트에서 푹 쉬는 느낌이었다. 혼자서 자쿠지에 몸을 담그기도 하고, 넓은 수영장에서 수영하다 식당에서 혼자 식사하기도 했다. 크루즈선 전체를 전세 내어 나 혼자 즐기는 기분이었다.

　그러나 크루즈에서 내려 새로운 세상을 보는 재미도 정말 멋지니 기항지 투어를 꼭 할 것을 권한다. 크루즈에서 내릴 때는 선상카드를 제시하고, 국가가 바뀔 때 공항에서 입국할 때와 같이 여권과 비자가 필요한 경우 이를 제시해야 하며, 승선할 때도 첫날 승선할 때와 같은 절차를 거친다. 주류, 열기구 등 금지 물품은 크루즈에 보관하며, 하선할 때 돌려준다.

기항지 항구 마을 투어

  기항지 항구는 오랜 역사를 가지고 있으므로 근처에는 번화가, 박물관, 맛집, 역사적인 가옥이 많이 모여 있다. 오랜 여행으로 먼 거리 투어가 부담되거나 피곤해서 근처에서 간단히 산보만 하길 원한다면 기항지 항구 근처에 머물러도 좋다. 쇼핑가에서 쇼핑하거나 카페에서 여유 있는 시간을 보내거나 주변 경치를 구경할 수 있다.

나를 위한 최고의 선물 크루즈여행

텐더보트를 이용한 기항지 투어

산토리니와 같은 지역은 대형 크루즈가 항구에 접안할 수 없다. 크루즈에 탑재되어 있는 텐더보트나 항구에서 운영 중인 보트를 이용해서 기항지에 상륙할 수 있어 항구 인근 지역을 투어할 수 있다.

선사에서 운영하는 기항지 투어

크루즈를 예약할 때 선사에서 운영하는 기항지 투어를 확인하고 예약할 수 있다. 크루즈선 내에서 기항지 투어 예약센터나 객실 IPTV, 크루즈앱으로 여러 기항지 투어 상품을 보고 선택한 뒤 예약하면 된다. 가볍게 버스로 둘러보는 투어부터 근처 유명 관광지와 쇼핑센터 투어, 몇 시간 거리를 기차나 버스를 타고 돌아오는 투어 등이 있다.

대중교통을 이용한 기항지 투어

기항지에 내리면 버스와 택시가 많이 기다리고 있다. 동반자가 여러 명이면 택시 기사와 협의하여 원하는 시간 동안 관광지를 둘러보는 조건으로 금액을 흥정하면 저렴한 가격으로 중요한 관광지를 알차게 돌아볼 수 있다. Hof on & Hof off 등 관광순환버스를 이용하면 인근 주요 관광지를 둘러볼 수 있다. 티켓을 구입해서 타고 내리는 것을 반복하며 관광할 수 있다.

나를 위한 최고의 선물 크루즈여행

현지 여행사를 통한 기항지 투어

　기항지에 내리면 현지 여행사 또는 개인 가이드들이 부스를 설치하거나 푯말을 들고 호객 행위를 많이 한다. 그들도 다양한 현지 투어를 제안하는데, 선사 투어보다 20% 정도 저렴하다. 아무래도 선사 투어보다는 신뢰도가 떨어지고, 추가 비용 등을 요구할 수 있으니 참고할 필요가 있다. 특히 동남아, 중동, 중국을 투어할 때는 꼼꼼히 점검한 뒤 현지 여행사를 이용하기 바란다.

한국 가이드를 활용한 기항지 투어

　예술의 도시나 역사의 도시를 여행할 때 한국어로 설명을 듣고 싶을 것이다. 현지 한국인을 소개하는 My Real Trip 등과 같은 서비스를 이용하면 4시간 정도 주요 관광지를 함께 다니면서 한국어로 설명해 주기 때문에 아주 편리하다. 한국에서 출발할 때나 투어 중에 예약하면 크루즈 터미널에서 한국인 가이드들이 기다리고 있다.

　선사 투어나 현지 투어는 당연히 출항 시간에 맞춰 되돌아오겠지만, 택시나 버스를 이용하거나 근처를 산책할 경우 출항 1시간 전에 승선할 수 있도록 여유 있게 돌아와야 한다. 개인을 위해 크루즈가 기다려 주지 않으니 늦으면 다음 기항지로 직접 가야 한다. 크루즈는 기항지에 아침이면 도착해서 항구에서 대기하고 있는데, 오후 5시나 10시에 출항하는 경우도 있다. 아침을 늦게 먹고 나갈 경우 오후 3~4시경 크루즈로 돌아와서 점심 식사를 하면 점심 경비를 절약할 수 있다.

크루즈 하선하기

크루즈 하선 전날

마지막날 기항지 여행을 마무리하고 객실로 돌아오면 하선 안내문, 비용 내역과 수화물 태그가 놓여 있다. 저녁 식사를 포함한 저녁 이벤트가 마무리되면 하선을 위한 준비에 들어간다. 세면도구, 여행을 위한 옷을 제외한 모든 것들을 가방에 넣는다. 그전에 승선 시 크루즈에서 보관한 주류, 면세점에서 구입한 것들이 객실로 배달되는데 그것들을 가방에 넣는 것도 잊지 않아야 한다. 태그를 부착한 가방을 객실 문밖에 놓아 두면 승무원들이 일괄적으로 크루즈 밖 터미널로 운반해서 색깔별로 보관한다.

태그는 하선 시간대별로 색깔이 다른데, 하선 이후 다음 일정이 촉박한 경우 데스크 서비스센터와 협의하여 일정을 조정하거나 가방을 직접 들고 하선할 수도 있다.

배달되어 온 비용 내역을 꼼꼼히 체크하여 정확한지 확인해야 한다. 하선할 때 착오가 있다는 것을 알게 되면 동시에 많은 승객이 게스트 서비스센터에 몰리기에 하선 일정에 쫓겨 정정하지 못하고 하선할 수도 있다.

크루즈 하선 당일

레스토랑에서 아침 식사를 마치고 각자 하선 시간에 맞춰 크루즈에서 하선한다. 터미널의 가방이 모여 있는 곳으로 가서 가방을 찾는다. 버스나 택시를 이용하여 공항이나 다음 행선지로 떠나면 된다. 선사에서 제공하는 버스를 별도의 비용을 지불하여 공항으로 갈 수도 있다.

시간이 충분하다면 하선 당일에 선사에서 제공하는 기항지 여행을 즐길 수도 있다. 기항지 여행은 크루즈를 처음 예약할 때 예약 가능하며, 크루즈 내 기항지 여행 예약센터에서 예약하는데 크루즈에서 내리자마자 바로 버스를 이용할 수있으니 편리하게 여행을 즐길 수 있다.

제2부 최고의 크루즈여행 팁

스마트폰으로 크루즈여행 즐기기

장동익
피플스그룹 상임고문, 디지털책쓰기코칭협회 고문

　요즈음은 '낫 놓고 기역 자도 모르는 시대'가 아니라 '스마트폰 옆에 놓고 밥을 굶는 시대'가 되어가고 있다. 인간은 원래 오장육부五臟六腑였는데, 스마트폰이 하나 더 추가되어 이제 오장칠부가 되었다고 할만큼, 스마트폰이 없으면 장기 하나가 사라진 듯 안절부절못한다. 나는 2017년 5월에 스마트폰 앱을 활용한 스마트워킹 관련 책자를 생애 처음으로 출간한 이래 '핸드폰 하나로 책글쓰기', '핸드폰 하나로 스마트워킹', '핸드폰 하나로 해외자유여행', '폰맹 탈출' 등 관련 책자 12권을 발간했으며, 수많은 관련 강의, 세미나, 컨설팅을 진행해 왔다.

　독자들이 크루즈여행을 할 때 선박 내에서나 기항지에서 유명 관광지를 둘러볼 때 활용하면 좋을 스마트폰 앱 몇 가지를 다음과 같이 소개하고자 한다. 지면 관계상 이 책에 소개하는 스마트폰 앱들의 기능에 대한 상세한 설명 대신 내가 네이버 블로그에 기록해 놓은 것들을 즉시 찾아갈 수 있도록 URL과 QR Code를 별첨한다.

NAVER 블로그
https://m.blog.naver.com/changdongik

나를 위한 최고의 선물 크루즈여행

QR Code의 경우 삼성이 출시한 스마트폰에서는 카메라를 켜고 초점을 책자의 QR Code에 맞추어 움직이지 않고 잠시 기다리면 코드의 아랫부분에 URL이 나타난다. 그 URL을 클릭하면 바로 내가 작성한 네이버 블로그가 열린다. 만일 자신의 스마트폰 카메라에 그러한 기능이 실행되지 않는다면 Play 스토어안드로이드 폰나 앱 스토어아이폰의 검색창에 'QR Code 리더' 라고 입력하면 나타나는 앱들 중 다운로드 수가 많은 앱 하나를 다운 받아 그 앱의 첫 화면에 나타나는 카메라로 이 책자의 QR Code를 찍으면 네이버 블로그가 열린다. 네이버나 구글 검색창에 상기 URL을 입력하여 블로그를 여는 방법도 있다.

네이버 블로그에서 해당 기능 설명을 찾아 들어가는 방법은 다음과 같다.
1) 블로그 홈 화면 중앙에 위치한 목록 표시를 누르면 전체 글의 카테고리 리스트가 나온다.
2) 카테고리 목록을 손가락으로 위로 올리면 나오는 해외 자유여행하기를 선택한다.
3) 새 화면 우측 상단의 검색 표시(돋보기 모양)를 누르면 나오는 검색창에 원하는 자료의 키워드(구글 문서, 구글 지도, 구글 어시스턴트 등)를 입력하고 자판의 이동 버튼을 누르면, 해외 자유여행하기 카테고리가 나오고 키워드를 포함한 모든 글이 나타난다. 그중에서 원하는 글을 열어 읽어 보면 된다.

네이버 블로그에서 원하는 정보 찾는 법

 구글 번역

영어가 서툴거나 관광하는 곳의 현지 언어를 모르는 경우 활용할 수 있는 가장 중요한 앱은 역시 104종류의 언어를 번역해 주는 세계 최고 품질의 '구글 번역'이다. 구글 번역은 크게 세 가지의 주요 기능을 수행하는데 첫째, 동시 통역 기능 둘째, 긴 문장 번역 기능 셋째, 사진 찍어 번역하는 기능이다.

첫째, 동시 통역 기능은 비교적 짧은 문장을 한국말로 말하면 잠시 후 도착 언어(상대방의 언어)로 번역된 것을 스피커를 통해 디지털 음성이 말해 주고, 다시 상대방이 자신이 사용하는 언어로 말하면 잠시 후 한국어로 번역된 것을 말해 주는 기능이다. 일반적으로 문서 번역(문자를 옮겨서 시행하는 번역으로 한번에 5,000단어까지를 한꺼번에 번역해 준다.)에 비해 품질은 다소 떨어지지만, 상대와 대화하는 데 거의 문제없다. 예를 들어 한국어를 전혀 모르는 미국인이 한국에 와서 1년 정도 체류하면서 한국어를 숙달했다 하더라도 능숙하게 자신의 생각을 한국어로 표현하지 못해 대화가 원활하지는 않지만, 이상한 답변이 나오면 다시 물어본다든지, 소위 바디 랭귀지Body Language를 섞어 대화하면 뜻은 충분히 통하는 것이나 마찬가지이다. 자신이 물어본 것에 대한 상대의 답신이 좀 이상하면 약간 다른 단어를 사용하여 다시 물어보면 된다. 주의할 점은 동시 통역을 실행하기 전에 말해야 할 내용을 미리 생각해 놓을 필요가 있다. 자신의 피력하고자 하는 말을 잠시라도 멈추면 바로 상대 언어로 번역되어 나오기 때문에 끊기지 않고 말할 수 있도록 준비해야 한다.

둘째, 긴 문장 번역이다. 좀 긴 문장을 설명해야 하는 경우에 사용하는데, 앱에서 마이크를 켜고 길게 설명하면 화면에서 즉시 번역되는 것이 보인다. 자신의 말이 끝나고 나서 상대 언어로 번역된 번역본의 맨 앞부분에 작게 표기되어 있는 스피커 표시를 누르고 잠시 기다리면 디지털 음성이 도착 언어(상대의 언어)로 읽어 준다. 이 방식 역시 말해야 할 내용을 미리 생각해 놓을 필요가 있다. 설명 중간에 잠시 쉬면 이미 마이크가 꺼지게 되어 그때까지의 내용만 번역된다. 끊김 없이 계속 5분을 이야기 해도 계속 번역이 된다.

셋째, 사진 찍어 번역하는 기능이다. 이 기능에는 다음 세 가지 기능으로 나뉜다. 즉시 번역, 스캔 번역, 사진 가져와서 번역하는 방법이다.

① 즉시 번역: 주로 도로 표지판, 건물 이름, 음식점에서 외국어로 표기된 메뉴판을 한글로 즉시 번역해 보여 주는 기능이다. 카메라를 켜고 가능한 한 움직이지 않는 상태에서 상대 언어를 가리키고 있으면 한국어로 즉시 보여 준다.

② 스캔 번역: 조금 긴 상대 언어를 사진으로 찍으면 비로 한국어로 번역해 주는 기능이다. 상대 언어로 표기된 안내문이나 박물관 같은 곳에서 긴 설명이 붙어 있는 경우 사용한다.

③ 사진을 가져와 번역하는 기능: 스캔하여 바로 번역하기까지는 약간의 시간이 소요되기 때문에 시간이 촉박한 경우 바로 카메라를 사용하여 대상 문서의 사진을 찍은 다음 시간이 있을 때 구글 번역에서 이 기능을 열어 스마트폰 갤러리에 있는 그 사진을 가져오면 바로 번역해 주는 기능이다.

이 세 가지의 기능 모두 해외 여행에서 필수적으로 많이 사용되는 번역 기능이다.

# 구글 지도

크루즈를 타면 여러 유명 관광지에 잠시 정박하여 일정 시간 동안 가이드와 함께하는 여행 또는 자유여행 시간을 갖게 된다. 자유여행 시간을 원하는 경우 자신이 미리 준비한 계획에 따라 관광지를 찾아가야 한다. 중요한 것은 '구글 지도'는 한국과 중국을 제외하고는 전 세계 어느 지역에서든 가장 훌륭한 품질의 내비게이션 앱이라는 점이다. 특히 세계 어느 나라에 가든 도착지를 한국어로 말하면, 자신이 있는 현 위치에서 도착지까지 가는 방법과 길을 정확하게 안내해 준다는 사실이다.

나는 2011년에 아내와 함께 이탈리아 전역을 여행한 일이 있다. 로마는 미로가 많기로 유명한 도시이다. 그런데도 구글 지도를 활용하여 길을 잃은 적이 한 번도 없었다. 물론 현지에 도착하기 전에 구글 지도에 도착지를 자신의 현지어 발음으로 제대로 찾아 주는지 실험해 보고, 만일 자신의 발음이 정확하지 않아 구글 지도가 제대로 인식하지 못할 경우 현지어의 영어 표기로 미리 도착지들을 찾아 놓으면 검색할 때 최근 검색어 중에서 선택만 하면 되기 때문에 문제 없다. 현지에서 가장 훌륭한 맛집을 찾는 것도 매우 간단하게 할 수 있다. 네이버 지도나 티맵 등 국내 내비게이션을 활용해 본 사람들이라면 즉시 기능을 배울 수 있다.

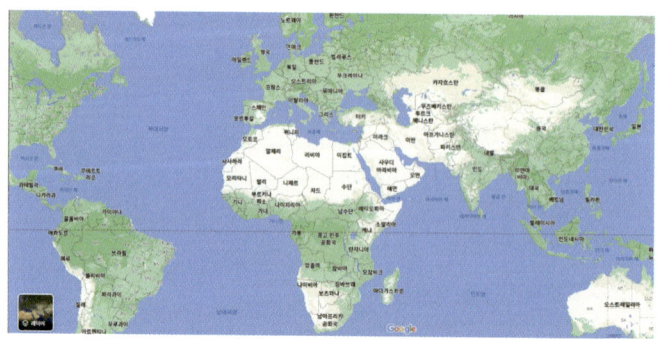

나를 위한 최고의 선물 크루즈여행

구글 어시스턴트

'구글 어시스턴트'는 해외에서뿐 아니라 국내에서도 한국어로 활용할 수 있는 가장 강력한 AI 비서 지능 앱이다. 크루즈선 내에서 갑자기 외국인을 만났을 경우 그제야 구글 번역을 켜서 출발 언어와 도착 언어를 지정하고 위에서 설명한 세 가지 기능 중 한 가지를 선택할 시간이 없을 때가 많다. 이때 구글 어시스턴트는 매우 강력한 기능을 수행하게 된다. 구글 어시스턴트를 켠 다음 나타나는 마이크를 누르고 아래와 같은 명령어를 말로 하면 디지털 음성으로 정확한 답을 즉시 내 준다.

"영어로 번역해 줘.", "안녕하세요가 터키어(세계 104가지 언어 가능)로 뭐야?", "서울 시청(여행지에서의 목적지를 말해도 됨) 가는 길(구글 지도에서 내비게이션이 열림).", "100제곱미터가 몇 평이야?", "18달러가 몇 원이야?", "50프랑이 몇 원이야?", "내일 아침 6시에 알람.", "마하트마 간디가 누구야?", "프랑스 총리가 누구야?", "BTS 음악 틀어 줘.", "지금 한국이 몇 시야?", "오늘 여기 날씨 어때?", "내 현재 위치 가르쳐 줘.", "근처 카페가 어디야?", "어제 한국 프로야구 경기 결과 알려 줘.", "4월 20일 일정이 뭐야?" 등 매우 다양한 명령어를 음성 인식하여 정확한 정보를 찾아 한국어로 안내해 준다.

구글 어시스턴트에 자신의 음성을 미리 학습시키면 구글 어시스턴트 앱을 열 때도 손가락을 활용하여 별도로 열 필요 없이 "헤이 구글", 또는 "오케이 구글" 하고 말하면 자동으로 열린다. 실행하는 방법은 다음과 같다.

① 스마트폰 화면에 있는 구글 어시스턴트 앱 아이콘을 손가락으로 2초 가량 눌렀다 떼면 바로 밑에 새창이 뜨고 안에 있는 '설정'을 누른다. 화면 아랫부분에 'Hey Google 및 Voice Match'를 누른다.
② 화면 중앙에 '이 기기'가 선택되어 있고 'Hey Google'의 우측에 있는 작은 원 표시가 우측으로 가도록 켜 놓는다.

③ 다음 화면에서 '더 보기'를 눌러 나오는 다음 화면에서 '다음' 버튼을 누른다.
④ 다음 'Voice Match 사용에 동의'라는 화면 하단부의 체크 표시를 누른다.
⑤ 다음 화면 하단부의 '동의' 버튼을 누르고 새 화면에서 '계속' 버튼을 누른다.
⑥ 다음 화면 하단부에 있는 '음성 모델'을 누르고 다음 화면에서 '음성 모델 학습시키기'를 누른다.
⑦ 다음 화면이 나오면 마이크에 대고 'OK Google'이라고 말하고 조금 기다린다. 원에서 파란 선이 ¼ 진행하고 나면 다시 'Ok Google'이라고 말한다. 다음 파란선이 ½ 지점으로 진행하고 나면 'Hey Google'이라고 말한다. 다음 파란선이 ¾ 지점으로 진행하고 나면 다시 'Hey Goolgle'이라고 말한다.
⑧ 다음 화면에서 '마침' 버튼을 누르면 준비가 완료된다.

이제부터는 스마트폰 화면이 꺼져 있는 상태에서도 스마트폰 근처에서 "Hey Google", 또는 "OK Google"이라고 말하기만 하면 구글 어시스턴트가 켜지면서 명령할 수 있게 된다. 스마트폰에 손가락을 댈 필요도 없다. 국내에서 운전할 때 특히 많이 사용한다. 운전하는 중 "헤이 구글"이라고 말하면 스마트폰의 구글 어시스턴트가 열리고 "아내에게 전화해."라고 하면 바로 전화를 연결한다. 단 연락처에서 아내의 이름 앞에 아내라는 문구를 추가하고, 아내의 스마트폰 번호를 대표번호로 등록해 놓아야 한다.

4. 기억에 남을만한 것들을 말로 하거나
   사진 찍어 글로 남겨 놓기

구글 드라이브

구글 문서

사진찰칵
문서스캔

많은 여행자가 여행 후 책을 내거나 즐거운 추억들을 글로 남기기 원한다. 이제는 스마트폰만 지니고 있다면 추억거리가 될만한 광경이나 일이 생겼을 때 즉시 스마트폰 카메라로 사진이나 동영상을 찍은 다음 '구글 드라이브' - '구글 문서'를 열어 문서 제목을 지정한 후, 자판에 나타난 마이크를 켜고 말하면 문자로 자동 저장된다. 별도로 저장 버튼을 누를 필요도 없다. 자동 저장된 시간이 몇 월, 며칠, 몇 시, 몇 분인지까지 자동으로 기록된다. 30분, 1시간을 이야기해도 모두 문자로 저장된다. 이제는 음성 인식도가 엄청나게 좋아져서 정확도가 매우 높다. 이 기술을 STT(Speech to Text: 음성을 문자로 바꾸는 기술)라고 부른다.

구글 드라이브는 언제 어디에서나 스마트폰으로 즉시 확인할 수 있는 데이터를 저장할 수 있는 클라우드 공간으로서 한 사람이 15GB(더 많은 양의 데이터를 무료로 사용할 수는 특별한 방법도 있다.)를 무료로 사용할 수 있다. 그림이나 사진을 포함한 300쪽짜리 책 한 권의 데이터량이 50~60MB 정도이므로, 15GB는 책 250권 내지 300권 정도의 데이터량을 무료로 사용할 수 있다.

박물관이나 크루즈선 내에 기록하고 싶은 특별한 소개글이 적혀 있을 때, 스마트폰의 '사진찰칵 문서스캔' 앱을 열어 사진을 찍으면 순식간에 문자로 변환되고, 그 문자를 복사하여 구글 문서에 붙여넣기만 하면 즉시 자동 저장된다. 이 모든 작업이 15초 이내에 끝난다. 이런 기술을 ITT(Image to Text: 이미지를 문자로 바꾸어 주는 기술)라고 부른다.

5. 워케이션(Workation)을 위한 스마트폰 앱 활용

'워케이션Workation'이란 일Work와 휴가Vacation의 합성어다. 코로나로 인해 재택근무, 원격근무가 늘어나면서 생긴 새로운 근무 형태로, 집이 아닌 다른 곳에서 업무와 휴가를 동시에 누리는 워케이션족이 늘어나고 있다. 크루즈여행은 10일 이상 지속되는 경우가 많아서 여행 기간 동안 급하게 업무를 처리해야 되는 경우가 생길 수도 있다. 그러나 인공지능과 딥러닝 등 기술의 급진전으로 인해 스마트폰 하나로 스마트워킹할 수 있는 시대가 되어 걱정할 필요가 없다.

구글 드라이브

'구글 드라이브'에서 작성한 '구글 문서'(마이크로소프트 오피스의 워드에 해당)나 '구글 스프레드시트'(엑셀에 해당)는 문서당 300명까지 공유할 수 있다. 100명에게는 서로 수정할 수 있는 권한을, 100명에게는 문서의 해당 부분에 댓글을 달 수 있는 권한을, 나머지 100명에게는 해당 문서를 읽기만 할 수 있는 권한을 줄 수 있다.

구글 문서

구글
스프레드시트

줌

예를 들어 크루즈여행객들이 협업하여 공유한 문서를 다른 여행객이 수정하려는데, 같은 부분에 다른 여행객이 수정하고 있다면 스마트폰이든 노트북이든 문서 화면의 그 부분에 수정한 사람의 이름이 특정 색상과 함께 나타나 같은 부분을 수정함으로써 에러가 발생하는 것을 방지한다. 수정이 끝나는대로 자동 저장되어 누가 언제 어디를 어떻게 수정했는지 추적할 수 있다. 공유문서에 누군가 문서 일부분을 선택하여 댓글을 달아 놓으면 관련자들 모두 지속적으로 댓글을 추가할 수 있다. 누가 언제 어떤 댓글을 어디에 달아 놓았는지 공유한 모든 사람이 실시간으로 확인할 수 있다. 예전에 기업에서 수천만 원을 들여도 설치할 수 없었던 협업자들 간의 실시간 의사 소통 시스템을 무료로 제공해 주는 것이다.

만일 이와 같은 문서 공유만으로 협업 효과를 달성하기에 부족한 경우에는 비대면 회의 방식으로 세계 1위를 달리고 있는 무료 줌Zoom을 활용하여 이 세상 어디에 있든 상관없이 스마트폰으로 100명까지 동시에 40분간 비대면 회의를 진행할 수 있다. 1년여 전까지만 해도 사막 지역에서는 데이터 로밍이 되지 않아 이와 같은 스마트워킹이 불가능했지만, 이제는 대부분의 지역에서 데이터 로밍이 되는 것으로 알고 있다. 와이파이가 제공되는 크루즈선 내에서는 데이터 로밍조차 필요 없다.

선교 활동의 일환으로 아프리카 영어권 국가에 나가 있을 때, 이와 같은 방식으로 세 권의 공저를 출간할 수 있었다. 공저자 및 출판사와 한 번도 만난 일 없이 원고 작성, 교정 및 편집을 마쳤다. 이제는 스마트폰 하나만으로도 스마트워킹을 할 수 있는 시대가 되었다. 만일 업무에 필요한 데이터가 회사나 집의 PC나 서버에만 저장되어 있다면, 그 데이터가 저장되어 있는 장소에서 업무를 마쳐야 한다. 그러나 그 데이터가 클라우드 공간에 저장되는 순간부터 스마트폰만으로도 이 세상 어디에서나 스마트워킹이 가능한 것이다.

6. 무선 MHL 동글을 활용하여 크루즈선 내의 룸에 설치된 TV로 한국어 방송이나 동영상 보기

나는 해외여행할 때마다 '무선 MHL 동글'이라고 하는 동글을 가져간다. 해외 숙소에는 아직 최신 스마트 TV를 제공하는 곳이 거의 없어서 동글 없이 바로 스마트폰 화면을 미러링(Smart View 기능)하여 볼 수 없기 때문이다. 스마트폰으로 보던 영상을 숙박지에서 TV로 볼 수 있다는 것은 여행의 즐거움을 배가시킨다. 그날 찍은 동영상이나 사진도 모두 TV에 연결하여 큰 화면으로 볼 수 있다. 스마트폰에 KBS my K, KBS 뉴스, MBC, SBS, 구글 뉴스 등의 앱을 다운로드 받아 놓으면 한국의 뉴스도, 유튜브에서 보고 싶은 드라마(일부 저작권 문제가 있는 동영상은 제외)도 바로 볼 수 있다.

'COMS 스마트폰 무선 MHL 동글(ST045)'은 인터넷 쇼핑몰을 통해 3만 원 안팎으로 구매할 수 있다. 구형 TV에 이런 동글을 사용하면 화면의 해상도가 약간 떨어지고, 간혹 끊어지는 현상이 나타나기도 한다. 무선 동글은 스마트폰과 10m 이상의 거리에서는 작동되지 않는다.

구형 TV의 뒷면을 보면 보통 비어 있는 HDMI 단자가 한 개 이상 있고, USB 포트가 있다. 만일 TV 뒷면에 HDMI 단자가 있다면 '무선 MHL 동글'을 그 HDMI 단자에 꽂는다. 그러면 스마트 TV와 같은 기능을 그대로 활용할 수 있다. 단, 동글은 자체 전력 공급을 하는 배터리가 없기 때문에 전원 공급을 위한 선을 TV 뒷면의 USB 포트나 스마트폰 충전기에 연결하여 전원 공급을 해 주어야 한다. 요즘 스마트폰에서는 인터넷 TV나 케이블 TV와는 비교할 수 없을 정도로 다양한 동영상들을 서비스하고 있다. 특히 유튜브나 TED, 각종 영화들은 모두 이와 같은 방법으로 TV로 시청할 수 있다.

사용법은 쿠팡이나 옥션 등 인터넷 쇼핑몰에 들어가 제품 검색창에 'Coms 무선 MHL 동글 ST045'이라고 입력하면 나오는 제품의 상세 보기 - 상품 설명 더보기에 들어가면 안드로이드폰과 아이폰에서 사용하는 방법이 상세하게 설명되어 있으니 참고하기 바란다.

크루즈에서 사용되는 용어

1. 크루즈 선상 용어

- Forward(Fwd.): 뱃머리
- Midship(Mid.): 선체 중앙
- Afterward(Aft.): 배의 후미
- Beam: 배의 폭
- Length: 배의 길이
- Port Side: 좌측
- Starboard Side: 우측
- Bridge: 조종실, 선장과 선원이 배 운항을 지휘하는 장소
- Draft: 배가 수중 지면에 닿지 않기 위해 물 깊이를 재는 것
- Gangway: 배와 기항지를 연결하는 통로
- Tender(Boat): 항구에 배를 정박할 수 없을 때 승객을 항구까지 실어 나르는 작은 배
- Nautical Mile: 항해 마일, 1항해 마일은 1,852m(지상에서 1마일은 1,609m)
- Knot: 배의 속력, 1노트는 1초에 2m를 가는 속력을 의미
- Deck: 층
- Open Deck: 야외 옥상 층
- Promenade Deck: 크루즈 옥상에 산책하거나 조깅하는 데크
- Muster Station: 안전 대피 집합 장소
- Muster Dril: 비상 대피 안전 훈련
- Captain: 선장
- Crew: 승무원
- Cabin Steward: 선실 청소부

2. 객실에 관한 용어

- Cabin, Stateroom: 객실
- Category: 객실 등급을 말함. 객실(cabin 또는 stateroom)은 보통 Suite, Balcony, Ocean View, Inside로 구분된다.
- Suite cabin: 일반 객실보다 크기가 넓고 손님의 편의를 위해 격조 높은 서비스를 제공
- Balcony cabin: 개인 발코니가 있는 객실
- Ocean view cabin: 창문으로 전망을 볼수 있는 객실
- Inside cabin: 창문이 없는 객실
- Porthole: 배의 둥근 창문
- Upgrade: 낮은 등급에서 높은 등급으로 이동하는 것

Odd number: 홀수
Even number: 짝수

3. 식당
Dinner Seating: 예약이 필수. 만찬을 위해 줄을 서면 웨이터가 자리를 정해 줌
Open Seating: 예약 없이 자유로이 자리를 선택해서 앉는 식당
First Seating: 첫 번째 저녁 정찬
Second Seating: 두 번째 저녁 정찬
Alternative Dining: 캐주얼한 옷차림으로 드나들 수 있는 식당, 뷔페
Galley: 주방
Room Service: 룸서비스, 객실로 식사를 가져다 줌
Executive Chef: 총주방장
Maitre D'Hotel(메트로 도텔): 웨이터 총지배인
Headwaiter: 레스토랑 내에서 서비스를 효율성 있게 계획하고 전체를 총괄하는 책임자
Waiter or Waitress: 손님에게 서비스를 제공하는 종업원
Assistant Waiter: 웨이터 보조원
Dress code(복장 규정): 캐주얼Casual, 비즈니스 캐주얼Business Casual 포멀Formal로 나뉘는데 정장Formal의 경우 여자는 이브닝 가운Evening gown이나 칵테일 드레스Cocktail dress 혹은 우아한 코트와 팬츠를 입어야 한다. 각 나라의 전통 의상도 가능하다. 남자는 턱시도나 다크 계열의 신사복 혹은 만찬 정장을 입어야 하며 긴 바지를 입어야 한다. 비즈니스 캐주얼은 정장과 캐주얼의 중간 단계로 세미 정장 스타일이다. 포멀의 경우에도 넥타이를 착용하지 않고 깔끔하게 차려입으면 양해가 된다.

4. 기항에서 쓰이는 용어
Port of Call: 기항지
Shore Excursion: 크루즈에서 기항 후에 관광할 사람들을 안내해 주는 것
Embarkation: 승선
Disembarkation: 하선
Sea day: 배가 다른 기항지로 가기 위해 하루 종일 바다를 항해하는 날이다.
Port day: 배가 기항지에 도착하여 관광할 수 있는 날이다.
Home Port: 출발하거나 마지막으로 도착하는 모항
Repositioning: 날씨 때문에 크루즈가 운항 노선을 변경할 때 승선 항구와 하선 항구가 다른 경우이다. 이럴 경우 운항 기간이 길고, 가격도 저렴하다. 예를 들면 알래스카에서 운항하던 크루즈가 겨울에는 동남아로 노선을 변경하기 위해서 이동하는 경우에 해당한다.